ⵜⵔⴰⵏⵣⵍⴰⵜ

Translated Language Learning

The Communist Manifesto

Manifest Komunistyczny

Karl Marx & Friedrich Engels

English / Polsku

Copyright © 2024 Tacyksly

all rights reserved.

Translated by Tacyksly

ISBN: 9781835661789

Original text by Karl Marx and Friedrich Engels
The Communist Manifesto

English bookstores
www.tacyksly.com

Introduction
Wprowadzenie

A spectre is haunting Europe — the spectre of Communism
Widmo krąży nad Europą – widmo komunizmu
All the Powers of old Europe have entered into a holy alliance to exorcise this spectre
Wszystkie mocarstwa starej Europy zawarły święte przymierze, aby wypędzić to widmo
Pope and Czar, Metternich and Guizot, French Radicals and German police-spies
Papież i car, Metternich i Guizot, francuscy radykałowie i niemieccy szpiedzy policyjni
Where is the party in opposition that has not been decried as Communistic by its opponents in power?
Gdzie jest partia opozycyjna, która nie została potępiona jako komunistyczna przez swoich przeciwników u władzy?
Where is the Opposition that has not hurled back the branding reproach of Communism, against the more advanced opposition parties?
Gdzie jest opozycja, która nie odrzuciła piętnującego hańby komunizmu przeciwko bardziej zaawansowanym partiom opozycyjnym?
And where is the party that has not made the accusation against its reactionary adversaries?
A gdzież jest partia, która nie wysunęła oskarżenia przeciwko swoim reakcyjnym przeciwnikom?
Two things result from this fact
Z tego faktu wynikają dwie rzeczy
I. Communism is already acknowledged by all European Powers to be itself a Power
I. Komunizm jest już uznawany przez wszystkie mocarstwa europejskie za mocarstwo
II. It is high time that Communists should openly, in the face of the whole world, publish their views, aims and tendencies

II. Najwyższy czas, aby komuniści otwarcie, w obliczu całego świata, ogłosili swoje poglądy, cele i tendencje
they must meet this nursery tale of the Spectre of Communism with a Manifesto of the party itself
muszą spotkać się z tą dziecinną opowieścią o Widmie Komunizmu z Manifestem samej partii
To this end, Communists of various nationalities have assembled in London and sketched the following Manifesto
W tym celu komuniści różnych narodowości zebrali się w Londynie i naszkicowali następujący Manifest
this manifesto is to be published in the English, French, German, Italian, Flemish and Danish languages
manifest ten ma zostać opublikowany w językach angielskim, francuskim, niemieckim, włoskim, flamandzkim i duńskim
And now it is to be published in all the languages that Tranzlaty offers
A teraz ma się ukazać we wszystkich językach, jakie oferują Tranzlaty

Bourgeois and the Proletarians
Burżuazja i proletariusze

The history of all hitherto existing societies is the history of class struggles

Historia wszystkich dotychczasowych społeczeństw jest historią walk klasowych

Freeman and slave, patrician and plebeian, lord and serf, guild-master and journeyman

Wolny i niewolnik, patrycjusz i plebejusz, pan i chłop pańszczyźniany, mistrz cechu i czeladnik

in a word, oppressor and oppressed

Jednym słowem ciemiężyciel i uciśniony

these social classes stood in constant opposition to one another

Te klasy społeczne stały w nieustannej opozycji do siebie

they carried on an uninterrupted fight. Now hidden, now open

Prowadzili nieprzerwaną walkę. Teraz ukryte, teraz otwarte

a fight that either ended in a revolutionary re-constitution of society at large

walka, która albo zakończyła się rewolucyjną rekonstytucją całego społeczeństwa

or a fight that ended in the common ruin of the contending classes

lub walka, która zakończyła się wspólną ruiną walczących klas

let us look back to the earlier epochs of history

Wróćmy do wcześniejszych epok historii

we find almost everywhere a complicated arrangement of society into various orders

Prawie wszędzie spotykamy się ze skomplikowanym porządkiem społeczeństwa w rozmaite porządki

there has always been a manifold gradation of social rank

Zawsze istniała wieloraka gradacja rangi społecznej

In ancient Rome we have patricians, knights, plebeians,

slaves

W starożytnym Rzymie mamy patrycjuszy, rycerzy, plebejuszy, niewolników

in the Middle Ages: feudal lords, vassals, guild-masters, journeymen, apprentices, serfs

w średniowieczu: panowie feudalni, wasale, mistrzowie cechowi, czeladnicy, czeladnicy, chłopi pańszczyźniani

in almost all of these classes, again, subordinate gradations

Prawie we wszystkich tych klasach, znowu, stopniowanie podrzędne

The modern Bourgeoisie society has sprouted from the ruins of feudal society

Współczesne społeczeństwo burżuazyjne wyrosło na gruzach społeczeństwa feudalnego

but this new social order has not done away with class antagonisms

Ale ten nowy porządek społeczny nie usunął przeciwieństw klasowych

It has but established new classes and new conditions of oppression

Ustanowiła ona jedynie nowe klasy i nowe warunki ucisku

it has established new forms of struggle in place of the old ones

Ustanowiła nowe formy walki w miejsce starych

however, the epoch we find ourselves in possesses one distinctive feature

Epoka, w której się znajdujemy, ma jednak jedną charakterystyczną cechę

the epoch of the Bourgeoisie has simplified the class antagonisms

epoka burżuazji uprościła przeciwieństwa klasowe

Society as a whole is more and more splitting up into two great hostile camps

Społeczeństwo jako całość coraz bardziej dzieli się na dwa wielkie, wrogie obozy

two great social classes directly facing each other:

Bourgeoisie and Proletariat

dwie wielkie klasy społeczne naprzeciw siebie: burżuazja i proletariat

From the serfs of the Middle Ages sprang the chartered burghers of the earliest towns

Z chłopów pańszczyźnianych średniowiecza wywodzili się prawdziwi mieszczanie pierwszych miast

From these burgesses the first elements of the Bourgeoisie were developed

Z tych mieszczan rozwinęły się pierwsze elementy burżuazji

The discovery of America and the rounding of the Cape

Odkrycie Ameryki i okrążenie Przylądka

these events opened up fresh ground for the rising Bourgeoisie

Wydarzenia te otworzyły nowe pole dla rosnącej burżuazji

The East-Indian and Chinese markets, the colonisation of America, trade with the colonies

Rynki wschodnioindyjskie i chińskie, kolonizacja Ameryki, handel z koloniami

the increase in the means of exchange and in commodities generally

wzrost środków wymiany i towarów w ogóle

these events gave to commerce, navigation, and industry an impulse never before known

Wydarzenia te dały handlowi, żegludze i przemysłowi impuls nigdy wcześniej nie znany

it gave rapid development to the revolutionary element in the tottering feudal society

Dało to szybki rozwój rewolucyjnemu elementowi w chwiejącym się społeczeństwie feudalnym

closed guilds had monopolised the feudal system of industrial production

Zamknięte gildie zmonopolizowały feudalny system produkcji przemysłowej

but this no longer sufficed for the growing wants of the new markets

To już jednak nie wystarczało na zaspokojenie rosnących
potrzeb nowych rynków
**The manufacturing system took the place of the feudal
system of industry**
System wytwórczy zajął miejsce feudalnego systemu
przemysłowego
**The guild-masters were pushed on one side by the
manufacturing middle class**
Mistrzowie cechowi zostali zepchnięci na bok przez
produkcyjną klasę średnią
**division of labour between the different corporate guilds
vanished**
Podział pracy między różnymi gildiami korporacyjnymi
zniknął
the division of labour penetrated each single workshop
Podział pracy przenikał każdy warsztat
**Meantime, the markets kept ever growing, and the demand
ever rising**
Tymczasem rynki stale rosły, a popyt stale rósł
Even factories no longer sufficed to meet the demands
Nawet fabryki nie były już w stanie sprostać wymaganiom
**Thereupon, steam and machinery revolutionised industrial
production**
W ten sposób para i maszyny zrewolucjonizowały produkcję
przemysłową
**The place of manufacture was taken by the giant, Modern
Industry**
Miejsce produkcji zajął gigant, Nowoczesny Przemysł
**the place of the industrial middle class was taken by
industrial millionaires**
miejsce przemysłowej klasy średniej zajęli przemysłowi
milionerzy
**the place of leaders of whole industrial armies were taken
by the modern Bourgeoisie**
miejsce przywódców całych armii przemysłowych zajęła
współczesna burżuazja

the discovery of America paved the way for modern industry to establish the world market

odkrycie Ameryki utorowało drogę nowoczesnemu przemysłowi do ustanowienia rynku światowego

This market gave an immense development to commerce, navigation, and communication by land

Rynek ten przyczynił się do ogromnego rozwoju handlu, żeglugi i komunikacji lądowej

This development has, in its time, reacted on the extension of industry

Rozwój ten w swoim czasie był reakcją na rozwój przemysłu

it reacted in proportion to how industry extended, and how commerce, navigation and railways extended

Reakcja była proporcjonalna do tego, jak rozwijał się przemysł, jak rozwijał się handel, żegluga i koleje

in the same proportion that the Bourgeoisie developed, they increased their capital

W takim samym stopniu, w jakim rozwijała się burżuazja, pomnażała swój kapitał

and the Bourgeoisie pushed into the background every class handed down from the Middle Ages

a burżuazja zepchnęła na dalszy plan każdą klasę przekazaną od średniowiecza

therefore the modern Bourgeoisie is itself the product of a long course of development

dlatego też współczesna burżuazja sama jest wytworem długiego toku rozwoju

we see it is a series of revolutions in the modes of production and of exchange

Widzimy, że jest to seria rewolucji w sposobach produkcji i wymiany

Each developmental Bourgeoisie step was accompanied by a corresponding political advance

Każdemu rozwojowemu krokowi burżuazji towarzyszył odpowiadający mu postęp polityczny

An oppressed class under the sway of the feudal nobility

Klasa uciskana pod władzą feudalnej szlachty
an armed and self-governing association in the mediaeval commune
Zbrojne i samorządne stowarzyszenie w średniowiecznej komunie
here, an independent urban republic (as in Italy and Germany)
tutaj niepodległa republika miejska (jak we Włoszech i Niemczech)
there, a taxable "third estate" of the monarchy (as in France)
tam podlegający opodatkowaniu "trzeci stan" monarchii (jak we Francji)
afterwards, in the period of manufacture proper
Następnie, w okresie produkcji właściwej
the Bourgeoisie served either the semi-feudal or the absolute monarchy
burżuazja służyła albo monarchii półfeudalnej, albo absolutnej
or the Bourgeoisie acted as a counterpoise against the nobility
albo burżuazja działała jako przeciwwaga dla szlachty
and, in fact, the Bourgeoisie was a corner-stone of the great monarchies in general
i w rzeczywistości burżuazja była kamieniem węgielnym wielkich monarchii w ogóle
but Modern Industry and the world-market established itself since then
ale od tego czasu ugruntował się nowoczesny przemysł i rynek światowy
and the Bourgeoisie has conquered for itself exclusive political sway
a burżuazja zdobyła dla siebie wyłączną władzę polityczną
it achieved this political sway through the modern representative State
osiągnął ten polityczny wpływ poprzez nowoczesne państwo przedstawicielskie
The executives of the modern State are but a management

committee

Władza wykonawcza współczesnego państwa jest tylko komitetem zarządzającym

and they manage the common affairs of the whole of the Bourgeoisie

i kierują wspólnymi sprawami całej burżuazji

The Bourgeoisie, historically, has played a most revolutionary part

Burżuazja, historycznie rzecz biorąc, odegrała najbardziej rewolucyjną rolę

wherever it got the upper hand, it put an end to all feudal, patriarchal, and idyllic relations

Wszędzie tam, gdzie zdobywała przewagę, kładła kres wszelkim feudalnym, patriarchalnym i idyllicznym stosunkom

It has pitilessly torn asunder the motley feudal ties that bound man to his "natural superiors"

Bezlitośnie rozdarła pstrokate feudalne więzy, które wiązały człowieka z jego "naturalnymi zwierzchnikami"

and it has left remaining no nexus between man and man, other than naked self-interest

Nie pozostał też żaden związek między człowiekiem a człowiekiem, poza czystym interesem własnym

man's relations with one another have become nothing more than callous "cash payment"

Wzajemne relacje między ludźmi stały się niczym więcej niż bezduszną "zapłatą gotówką"

It has drowned the most heavenly ecstasies of religious fervour

Zagłuszyła najbardziej niebiańskie ekstazy religijnego zapału

it has drowned chivalrous enthusiasm and philistine sentimentalism

Utopiła rycerski entuzjazm i filisterski sentymentalizm

it has drowned these things in the icy water of egotistical calculation

utopiła te rzeczy w lodowatej wodzie egoistycznych kalkulacji

It has resolved personal worth into exchangeable value

Przekształciła osobistą wartość w wartość wymienną

it has replaced the numberless and indefeasible chartered freedoms

Zastąpiła ona niezliczone i nienaruszalne wolności statutowe

and it has set up a single, unconscionable freedom; Free Trade

i ustanowił jedną, niepojętą wolność; Wolny handel

In one word, it has done this for exploitation

Jednym słowem, zrobił to dla wyzysku

exploitation veiled by religious and political illusions

wyzysk zasłaniany iluzjami religijnymi i politycznymi

exploitation veiled by naked, shameless, direct, brutal exploitation

wyzysk ukryty pod nagim, bezwstydnym, bezpośrednim, brutalnym wyzyskiem

the Bourgeoisie has stripped the halo off every previously honoured and revered occupation

burżuazja zdarła aureolę z każdego poprzednio zaszczytnego i szanowanego zawodu

the physician, the lawyer, the priest, the poet, and the man of science

Lekarz, prawnik, ksiądz, poeta i człowiek nauki

it has converted these distinguished workers into its paid wage labourers

Przekształciła tych wybitnych robotników w swoich płatnych robotników najemnych

The Bourgeoisie has torn the sentimental veil away from the family

Burżuazja zdarła z rodziny sentymentalną zasłonę

and it has reduced the family relation to a mere money relation

i zredukował stosunek rodzinny do zwykłej relacji pieniężnej

the brutal display of vigour in the Middle Ages which Reactionists so much admire

brutalny pokaz wigoru w średniowieczu, który reakcjoniści

tak bardzo podziwiają
**even this found its fitting complement in the most slothful
indolence**
Nawet to znalazło swoje odpowiednie dopełnienie w
najbardziej leniwym lenistwie
The Bourgeoisie has disclosed how all this came to pass
Burżuazja ujawniła, jak do tego wszystkiego doszło
**The Bourgeoisie have been the first to show what man's
activity can bring about**
Burżuazja jako pierwsza pokazała, do czego może
doprowadzić działalność człowieka
**It has accomplished wonders far surpassing Egyptian
pyramids, Roman aqueducts, and Gothic cathedrals**
Dokonał cudów znacznie przewyższających egipskie
piramidy, rzymskie akwedukty i gotyckie katedry
**and it has conducted expeditions that put in the shade all
former Exoduses of nations and crusades**
i przeprowadził ekspedycje, które położyły cień na wszystkich
dawnych Exodusach narodów i krucjatach
**The Bourgeoisie cannot exist without constantly
revolutionising the instruments of production**
Burżuazja nie może istnieć bez ciągłego rewolucjonizowania
narzędzi produkcji
**and thereby it cannot exist without its relations to
production**
a zatem nie może istnieć bez swoich związków z produkcją
and therefore it cannot exist without its relations to society
i dlatego nie może istnieć bez swoich relacji ze
społeczeństwem
all earlier industrial classes had one condition in common
Wszystkie wcześniejsze klasy przemysłowe miały jeden
wspólny warunek
**they relied on the conservation of the old modes of
production**
Opierały się one na zachowaniu starych sposobów produkcji
but the Bourgeoisie brought with it a completely new

dynamic
ale burżuazja przyniosła ze sobą zupełnie nową dynamikę
Constant revolutionizing of production and uninterrupted disturbance of all social conditions
Nieustanne rewolucjonizowanie produkcji i nieprzerwane zakłócanie wszystkich warunków społecznych
this everlasting uncertainty and agitation distinguishes the Bourgeoisie epoch from all earlier ones
ta wieczna niepewność i wzburzenie odróżnia epokę burżuazji od wszystkich wcześniejszych
previous relations with production came with ancient and venerable prejudices and opinions
Poprzednie związki z produkcją wiązały się ze starożytnymi i czcigodnymi uprzedzeniami i opiniami
but all of these fixed, fast-frozen relations are swept away
Ale wszystkie te stałe, szybko zamrożone relacje zostają zmiecione
all new-formed relations become antiquated before they can ossify
Wszystkie nowo powstałe relacje stają się przestarzałe, zanim zdążą skostnieć
All that is solid melts into air, and all that is holy is profaned
Wszystko, co stałe, rozpływa się w powietrzu, a wszystko, co święte, zostaje zbezczeszczone
man is at last compelled to face with sober senses, his real conditions of life
Człowiek jest w końcu zmuszony spojrzeć trzeźwo na swoje rzeczywiste warunki życia
and he is compelled to face his relations with his kind
i jest zmuszony stawić czoła swoim stosunkom ze swoim pobratymcem
The Bourgeoisie constantly needs to expand its markets for its products
Burżuazja musi stale poszerzać swoje rynki zbytu dla swoich produktów
and, because of this, the Bourgeoisie is chased over the

whole surface of the globe
i z tego powodu burżuazja jest ścigana po całej powierzchni
globu
**The Bourgeoisie must nestle everywhere, settle everywhere,
establish connections everywhere**
Burżuazja musi zagnieździć się wszędzie, osiedlić się
wszędzie, wszędzie ustanowić kontakty
**The Bourgeoisie must create markets in every corner of the
world to exploit**
Burżuazja musi stworzyć rynki w każdym zakątku świata, aby
je wyzyskiwać
**the production and consumption in every country has been
given a cosmopolitan character**
Produkcja i konsumpcja w każdym kraju nabrała
kosmopolitycznego charakteru
**the chagrin of Reactionists is palpable, but it has carried on
regardless**
rozgoryczenie reakcjonistów jest namacalne, ale trwa ono
niezależnie od tego
**The Bourgeoisie have drawn from under the feet of industry
the national ground on which it stood**
Burżuazja wyrwała spod nóg przemysłu narodowy grunt, na
którym stała
**all old-established national industries have been destroyed,
or are daily being destroyed**
Wszystkie dawne gałęzie przemysłu narodowego zostały
zniszczone lub są niszczone codziennie
**all old-established national industries are dislodged by new
industries**
Wszystkie stare gałęzie przemysłu narodowego są wypierane
przez nowe gałęzie przemysłu
**their introduction becomes a life and death question for all
civilised nations**
Ich wprowadzenie staje się kwestią życia i śmierci dla
wszystkich cywilizowanych narodów
they are dislodged by industries that no longer work up

indigenous raw material
Są one wypierane przez przemysł, który nie wydobywa już rodzimych surowców
instead, these industries pull raw materials from the remotest zones
Zamiast tego branże te pobierają surowce z najodleglejszych stref
industries whose products are consumed, not only at home, but in every quarter of the globe
branże, których produkty są konsumowane nie tylko w kraju, ale w każdym zakątku globu
In place of the old wants, satisfied by the productions of the country, we find new wants
W miejsce starych potrzeb, zaspokojonych przez produkcje kraju, znajdujemy nowe potrzeby
these new wants require for their satisfaction the products of distant lands and climes
Te nowe potrzeby wymagają dla ich zaspokojenia wytworów odległych krajów i klimatów
In place of the old local and national seclusion and self-sufficiency, we have trade
W miejsce dawnego lokalnego i narodowego odosobnienia i samowystarczalności mamy handel
international exchange in every direction; universal inter-dependence of nations
wymiana międzynarodowa we wszystkich kierunkach; Powszechna współzależność narodów
and just as we have dependency on materials, so we are dependent on intellectual production
I tak jak jesteśmy zależni od materiałów, tak też jesteśmy zależni od produkcji intelektualnej
The intellectual creations of individual nations become common property
Wytwory intelektualne poszczególnych narodów stają się wspólną własnością
National one-sidedness and narrow-mindedness become

more and more impossible
Narodowa jednostronność i ciasnota umysłowa stają się coraz bardziej niemożliwe
and from the numerous national and local literatures, there arises a world literature
Z licznych literatur narodowych i lokalnych wyłania się literatura światowa
by the rapid improvement of all instruments of production
przez szybkie doskonalenie wszystkich narzędzi produkcji
by the immensely facilitated means of communication
dzięki niezwykle ułatwionym środkom komunikacji
The Bourgeoisie draws all (even the most barbarian nations) into civilisation
Burżuazja wciąga wszystkich (nawet najbardziej barbarzyńskie narody) w cywilizację
The cheap prices of its commodities; the heavy artillery that batters down all Chinese walls
Niskie ceny jej towarów; ciężka artyleria, która burzy wszystkie chińskie mury
the barbarians' intensely obstinate hatred of foreigners is forced to capitulate
Zaciekła nienawiść barbarzyńców do cudzoziemców zostaje zmuszona do kapitulacji
It compels all nations, on pain of extinction, to adopt the Bourgeoisie mode of production
Zmusza ona wszystkie narody, pod groźbą wyginięcia, do przyjęcia burżuazyjnego sposobu produkcji
it compels them to introduce what it calls civilisation into their midst
Zmusza ich do wprowadzenia w ich grono tego, co nazywa cywilizacją
The Bourgeoisie force the barbarians to become Bourgeoisie themselves
Burżuazja zmusza barbarzyńców, by sami stali się burżuazją
in a word, the Bourgeoisie creates a world after its own image

jednym słowem, burżuazja tworzy świat na swój obraz
The Bourgeoisie has subjected the countryside to the rule of the towns
Burżuazja poddała wieś panowaniu miast
It has created enormous cities and greatly increased the urban population
Stworzył ogromne miasta i znacznie zwiększył populację miejską
it rescued a considerable part of the population from the idiocy of rural life
Uratowała ona znaczną część ludności od idiotyzmu wiejskiego życia
but it has made those in the the countryside dependent on the towns
ale to sprawiło, że ludzie na wsi stali się zależni od miast
and likewise, it has made the barbarian countries dependent on the civilised ones
Podobnie uzależniła kraje barbarzyńskie od cywilizowanych
nations of peasants on nations of Bourgeoisie, the East on the West
narody chłopskie na narody burżuazji, Wschód na Zachodzie
The Bourgeoisie does away with the scattered state of the population more and more
Burżuazja coraz bardziej znosi rozproszenie ludności
It has agglomerated production, and has concentrated property in a few hands
Skoncentrował produkcję i skoncentrował własność w kilku rękach
The necessary consequence of this was political centralisation
Nieuniknioną konsekwencją tego była centralizacja polityczna
there had been independent nations and loosely connected provinces
Istniały niepodległe narody i luźno powiązane prowincje
they had separate interests, laws, governments and systems of taxation

Mieli odrębne interesy, prawa, rządy i systemy podatkowe
but they have become lumped together into one nation, with one government
Zostali jednak wrzuceni do jednego worka w jeden naród, z jednym rządem
they now have one national class-interest, one frontier and one customs-tariff
Mają teraz jeden narodowy interes klasowy, jedną granicę i jedną taryfę celną
and this national class-interest is unified under one code of law
I ten narodowy interes klasowy jest zjednoczony w jednym kodeksie prawnym
the Bourgeoisie has achieved much during its rule of scarce one hundred years
Burżuazja osiągnęła wiele w ciągu zaledwie stuletnich rządów
more massive and colossal productive forces than have all preceding generations together
masywniejsze i kolosalne siły wytwórcze niż wszystkie poprzednie pokolenia razem wzięte
Nature's forces are subjugated to the will of man and his machinery
Siły przyrody są podporządkowane woli człowieka i jego maszyn
chemistry is applied to all forms of industry and types of agriculture
Chemia znajduje zastosowanie we wszystkich formach przemysłu i rodzajach rolnictwa
steam-navigation, railways, electric telegraphs, and the printing press
żegluga parowa, koleje żelazne, telegrafy elektryczne i prasa drukarska
clearing of whole continents for cultivation, canalisation of rivers
karczowanie całych kontynentów pod uprawę, kanalizacja rzek

whole populations have been conjured out of the ground and put to work

Całe populacje zostały wyczarowane z ziemi i zaprzęgnięte do pracy

what earlier century had even a presentiment of what could be unleashed?

Które wcześniejsze stulecie miało choćby przeczucie, co może zostać uwolnione?

who predicted that such productive forces slumbered in the lap of social labour?

Kto przewidział, że takie siły wytwórcze drzemią na łonie pracy społecznej?

we see then that the means of production and of exchange were generated in feudal society

Widzimy więc, że środki produkcji i wymiany zostały wytworzone w społeczeństwie feudalnym

the means of production on whose foundation the Bourgeoisie built itself up

środki produkcji, na których fundamencie burżuazja się zbudowała

At a certain stage in the development of these means of production and of exchange

Na pewnym etapie rozwoju tych środków produkcji i wymiany

the conditions under which feudal society produced and exchanged

Warunki, w jakich społeczeństwo feudalne produkowało i wymieniało

the feudal organisation of agriculture and manufacturing industry

Feudalna organizacja rolnictwa i przemysłu wytwórczego

the feudal relations of property were no longer compatible with the material conditions

Feudalne stosunki własności nie były już do pogodzenia z warunkami materialnymi

They had to be burst asunder, so they were burst asunder

Trzeba je było rozerwać na strzępy, więc zostały rozerwane na strzępy

Into their place stepped free competition from the productive forces

Ich miejsce zajęła wolna konkurencja ze strony sił wytwórczych

and they were accompanied by a social and political constitution adapted to it

Towarzyszyła im dostosowana do tego konstytucja społeczna i polityczna

and it was accompanied by the economical and political sway of the Bourgeoisie class

Towarzyszył temu ekonomiczny i polityczny wpływ klasy burżuazyjnej

A similar movement is going on before our own eyes

Podobny ruch zachodzi na naszych oczach

Modern Bourgeoisie society with its relations of production, and of exchange, and of property

Nowoczesne społeczeństwo burżuazyjne z jego stosunkami produkcji, wymiany i własności

a society that has conjured up such gigantic means of production and of exchange

Społeczeństwo, które wyczarowało tak gigantyczne środki produkcji i wymiany

it is like the sorcerer who called up the powers of the nether world

Jest jak czarownik, który przywołał moce z zaświatów

but he is no longer able to control what he has brought into the world

Ale nie jest już w stanie kontrolować tego, co przyniósł na świat

For many a decade past history was tied together by a common thread

Przez wiele dekad miniona historia była związana wspólną nicią

the history of industry and commerce has been but the

history of revolts
Historia przemysłu i handlu była tylko historią buntów
**the revolts of modern productive forces against modern
conditions of production**
Bunty nowoczesnych sił wytwórczych przeciwko
nowoczesnym warunkom produkcji
**the revolts of modern productive forces against property
relations**
Bunty współczesnych sił wytwórczych przeciwko stosunkom
własności
**these property relations are the conditions for the existence
of the Bourgeoisie**
te stosunki własności są warunkiem istnienia burżuazji
**and the existence of the Bourgeoisie determines the rules for
property relations**
a istnienie burżuazji określa reguły stosunków własności
**it is enough to mention the periodical return of commercial
crises**
Wystarczy wspomnieć o okresowych powrotach kryzysów
handlowych
**each commercial crisis is more threatening to Bourgeoisie
society than the last**
każdy kryzys handlowy jest większym zagrożeniem dla
społeczeństwa burżuazyjnego niż poprzedni
**In these crises a great part of the existing products are
destroyed**
W wyniku tych kryzysów znaczna część istniejących
produktów ulega zniszczeniu
**but these crises also destroy the previously created
productive forces**
Ale kryzysy te niszczą również wcześniej stworzone siły
wytwórcze
**in all earlier epochs these epidemics would have seemed an
absurdity**
We wszystkich wcześniejszych epokach epidemie te
wydawałyby się absurdem

because these epidemics are the commercial crises of over-production
ponieważ te epidemie są komercyjnymi kryzysami nadprodukcji
Society suddenly finds itself put back into a state of momentary barbarism
Społeczeństwo nagle zostaje ponownie wprowadzone w stan chwilowego barbarzyństwa
as if a universal war of devastation had cut off every means of subsistence
jak gdyby powszechna wojna wyniszczająca odcięła wszelkie środki utrzymania
industry and commerce seem to have been destroyed; and why?
Wydaje się, że przemysł i handel zostały zniszczone; Dlaczego?
Because there is too much civilisation and means of subsistence
Bo jest za dużo cywilizacji i środków do życia
and because there is too much industry, and too much commerce
A także dlatego, że jest za dużo przemysłu i za dużo handlu
The productive forces at the disposal of society no longer develop Bourgeoisie property
Siły wytwórcze, którymi dysponuje społeczeństwo, nie rozwijają już własności burżuazyjnej
on the contrary, they have become too powerful for these conditions, by which they are fettered
Wręcz przeciwnie, stali się zbyt potężni dla tych warunków, którymi są skrępowani
as soon as they overcome these fetters, they bring disorder into the whole of Bourgeoisie society
Skoro tylko przezwyciężą te kajdany, wprowadzą nieporządek w całe społeczeństwo burżuazyjne
and the productive forces endanger the existence of Bourgeoisie property

a siły wytwórcze zagrażają istnieniu własności burżuazyjnej
The conditions of Bourgeoisie society are too narrow to comprise the wealth created by them
Warunki społeczeństwa burżuazyjnego są zbyt ciasne, aby mogły objąć bogactwo przez nie wytworzone
And how does the Bourgeoisie get over these crises?
I jak burżuazja radzi sobie z tymi kryzysami?
On the one hand, it overcomes these crises by the enforced destruction of a mass of productive forces
Z jednej strony, przezwycięża te kryzysy poprzez wymuszone zniszczenie masy sił wytwórczych
on the other hand, it overcomes these crises by the conquest of new markets
Z drugiej strony przezwycięża te kryzysy, zdobywając nowe rynki
and it overcomes these crises by the more thorough exploitation of the old forces of production
Przezwycięża te kryzysy dzięki dokładniejszemu wykorzystaniu starych sił wytwórczych
That is to say, by paving the way for more extensive and more destructive crises
To znaczy, torując drogę do bardziej rozległych i bardziej destrukcyjnych kryzysów
it overcomes the crisis by diminishing the means whereby crises are prevented
przezwycięża kryzys, ograniczając środki zapobiegania kryzysom
The weapons with which the Bourgeoisie felled feudalism to the ground are now turned against itself
Broń, którą burżuazja obaliła feudalizm, obróciła się teraz przeciwko niej samej
But not only has the Bourgeoisie forged the weapons that bring death to itself
Ale burżuazja nie tylko wykuła broń, która sprowadza na nią śmierć
it has also called into existence the men who are to wield

those weapons
Powołał również do istnienia ludzi, którzy mają władać tą
bronią
**and these men are the modern working class; they are the
proletarians**
A ci ludzie to współczesna klasa robotnicza; Oni są
proletariuszami
**In proportion as the Bourgeoisie is developed, in the same
proportion is the Proletariat developed**
W miarę jak rozwija się burżuazja, w takim samym stopniu
rozwija się proletariat
the modern working class developed a class of labourers
Współczesna klasa robotnicza wykształciła klasę robotników
this class of labourers live only so long as they find work
Ta klasa robotników żyje tylko tak długo, jak długo znajdzie
pracę
**and they find work only so long as their labour increases
capital**
i znajdują pracę tylko tak długo, jak długo ich praca pomnaża
kapitał
**These labourers, who must sell themselves piece-meal, are a
commodity**
Ci robotnicy, którzy muszą sprzedawać się po kawałku, są
towarem
these labourers are like every other article of commerce
Ci robotnicy są jak każdy inny towar handlowy
**and they are consequently exposed to all the vicissitudes of
competition**
i w konsekwencji są narażeni na wszelkie zmienne koleje
konkurencji
they have to weather all the fluctuations of the market
Muszą przetrwać wszystkie wahania na rynku
**Owing to the extensive use of machinery and to division of
labour**
Ze względu na szerokie zastosowanie maszyn i podział pracy
the work of the proletarians has lost all individual character

Praca proletariuszy utraciła wszelki indywidualny charakter
**and consequently, the work of the proletarians has lost all
charm for the workman**
A co za tym idzie, praca proletariuszy straciła wszelki urok
dla robotnika
**He becomes an appendage of the machine, rather than the
man he once was**
Staje się dodatkiem do maszyny, a nie człowiekiem, którym
był kiedyś
**only the most simple, monotonous, and most easily acquired
knack is required of him**
Wymaga się od niego tylko najprostszego, monotonnego i
najłatwiejszego do zdobycia talentu
Hence, the cost of production of a workman is restricted
W związku z tym koszt produkcji robotnika jest ograniczony
**it is restricted almost entirely to the means of subsistence
that he requires for his maintenance**
Ogranicza się ona prawie wyłącznie do środków utrzymania,
które są mu potrzebne do utrzymania
**and it is restricted to the means of subsistence that he
requires for the propagation of his race**
i ogranicza się do środków utrzymania, których potrzebuje do
rozmnażania swojej rasy
**But the price of a commodity, and therefore also of labour, is
equal to its cost of production**
Otóż cena towaru, a więc i pracy, jest równa kosztom jego
produkcji
**In proportion, therefore, as the repulsiveness of the work
increases, the wage decreases**
Proporcjonalnie więc do tego, jak wzrasta odrażająca praca,
płaca robocza maleje
**Nay, the repulsiveness of his work increases at an even
greater rate**
Co więcej, odrażająca natura jego dzieła wzrasta w jeszcze
większym tempie
as the use of machinery and division of labour increases, so

does the burden of toil

Wraz ze wzrostem użycia maszyn i podziału pracy wzrasta
ciężar pracy

**the burden of toil is increased by prolongation of the
working hours**

Ciężar trudu jest zwiększany przez wydłużenie czasu pracy

more is expected of the labourer in the same time as before

Od robotnika oczekuje się więcej w tym samym czasie, co
przedtem

**and of course the burden of the toil is increased by the speed
of the machinery**

I oczywiście ciężar trudu jest zwiększony przez prędkość
maszyn

**Modern industry has converted the little workshop of the
patriarchal master into the great factory of the industrial
capitalist**

Nowoczesny przemysł przekształcił mały warsztat
patriarchalnego mistrza w wielką fabrykę przemysłowego
kapitalisty

**Masses of labourers, crowded into the factory, are organised
like soldiers**

Masy robotników, stłoczone w fabryce, zorganizowane są jak
żołnierze

**As privates of the industrial army they are placed under the
command of a perfect hierarchy of officers and sergeants**

Jako szeregowcy armii przemysłowej znajdują się pod
dowództwem doskonałej hierarchii oficerów i sierżantów

**they are not only the slaves of the Bourgeoisie class and
State**

są oni nie tylko niewolnikami klasy burżuazyjnej i państwa

but they are also daily and hourly enslaved by the machine

ale są też codziennie i co godzinę zniewoleni przez maszynę

**they are enslaved by the over-looker, and, above all, by the
individual Bourgeoisie manufacturer himself**

są oni zniewoleni przez patrzącego, a przede wszystkim przez
samego pojedynczego burżuazyjnego fabrykanta

The more openly this despotism proclaims gain to be its end and aim, the more petty, the more hateful and the more embittering it is

Im bardziej otwarcie despotyzm ten głosi, że zysk jest jego celem i celem, tym bardziej jest małostkowy, tym bardziej nienawistny i tym bardziej rozgoryczony

the more modern industry becomes developed, the lesser are the differences between the sexes

Im bardziej nowoczesny przemysł się rozwija, tym mniejsze są różnice między płciami

The less the skill and exertion of strength implied in manual labour, the more is the labour of men superseded by that of women

Im mniej umiejętności i wysiłku siłowego implikuje praca fizyczna, tym bardziej praca mężczyzn jest wypierana przez pracę kobiet

Differences of age and sex no longer have any distinctive social validity for the working class

Różnice wieku i płci nie mają już żadnego szczególnego znaczenia społecznego dla klasy robotniczej

All are instruments of labour, more or less expensive to use, according to their age and sex

Wszyscy są narzędziami pracy, mniej lub bardziej kosztownymi w użyciu, w zależności od wieku i płci

as soon as the labourer receives his wages in cash, than he is set upon by the other portions of the Bourgeoisie

Skoro tylko robotnik otrzyma swoją zapłatę w gotówce, to inne części burżuazji narzucają mu

the landlord, the shopkeeper, the pawnbroker, etc

właściciel, sklepikarz, lombard itp

The lower strata of the middle class; the small trades people and shopkeepers

Niższe warstwy klasy średniej; drobni handlowcy i sklepikarze

the retired tradesmen generally, and the handicraftsmen and peasants

Kupcy na emeryturze, rzemieślnicy i chłopi
all these sink gradually into the Proletariat
wszystko to stopniowo zatapia się w proletariacie
partly because their diminutive capital does not suffice for the scale on which Modern Industry is carried on
po części dlatego, że ich niewielki kapitał nie wystarcza na skalę, na jaką rozwija się nowoczesny przemysł
and because it is swamped in the competition with the large capitalists
i dlatego, że jest zatopiona w konkurencji z wielkimi kapitalistami
partly because their specialized skill is rendered worthless by the new methods of production
Częściowo dlatego, że ich wyspecjalizowane umiejętności stają się bezwartościowe przez nowe metody produkcji
Thus the Proletariat is recruited from all classes of the population
W ten sposób proletariat rekrutuje się ze wszystkich klas ludności
The Proletariat goes through various stages of development
Proletariat przechodzi przez różne stadia rozwoju
With its birth begins its struggle with the Bourgeoisie
Wraz z jego narodzinami zaczyna się jego walka z burżuazją
At first the contest is carried on by individual labourers
Początkowo konkurs jest prowadzony przez indywidualnych robotników
then the contest is carried on by the workpeople of a factory
Wtedy konkurs jest kontynuowany przez robotników fabryki
then the contest is carried on by the operatives of one trade, in one locality
Wtedy zawody są prowadzone przez pracowników jednego handlu, w jednej miejscowości
and the contest is then against the individual Bourgeoisie who directly exploits them
a walka toczy się wtedy przeciwko indywidualnej burżuazji, która bezpośrednio ją wyzyskuje

They direct their attacks not against the Bourgeoisie conditions of production

Swoje ataki kierują nie przeciwko burżuazyjnym warunkom produkcji

but they direct their attack against the instruments of production themselves

ale sam swój atak kierują przeciwko samym narzędziom produkcji

they destroy imported wares that compete with their labour

Niszczą importowane towary, które konkurują z ich siłą roboczą

they smash to pieces machinery and they set factories ablaze

Rozbijają na kawałki maszyny i podpalają fabryki

they seek to restore by force the vanished status of the workman of the Middle Ages

dążą do przywrócenia siłą utraconego statusu robotnika średniowiecza

At this stage the labourers still form an incoherent mass scattered over the whole country

Na tym etapie robotnicy tworzą jeszcze niespójną masę, rozproszoną po całym kraju

and they are broken up by their mutual competition

i rozbija ich wzajemna rywalizacja

If anywhere they unite to form more compact bodies, this is not yet the consequence of their own active union

Jeśli gdziekolwiek łączą się, tworząc bardziej zwarte ciała, nie jest to jeszcze konsekwencją ich własnego aktywnego związku

but it is a consequence of the union of the Bourgeoisie, to attain its own political ends

ale jest to konsekwencja zjednoczenia burżuazji, aby osiągnąć swoje własne cele polityczne

the Bourgeoisie is compelled to set the whole Proletariat in motion

burżuazja zmuszona jest wprawić w ruch cały proletariat

and moreover, for a time being, the Bourgeoisie is able to do so

a co więcej, na razie burżuazja jest w stanie to uczynić

At this stage, therefore, the proletarians do not fight their enemies

Na tym etapie więc proletariusze nie walczą ze swymi wrogami

but instead they are fighting the enemies of their enemies

ale zamiast tego walczą z wrogami swoich wrogów

the fight the remnants of absolute monarchy and the landowners

Walka z pozostałościami monarchii absolutnej i właścicielami ziemskimi

they fight the non-industrial Bourgeoisie; the petty Bourgeoisie

walczą z nieprzemysłową burżuazją; drobnomieszczaństwo

Thus the whole historical movement is concentrated in the hands of the Bourgeoisie

W ten sposób cały ruch historyczny skupia się w rękach burżuazji

every victory so obtained is a victory for the Bourgeoisie

każde zwycięstwo w ten sposób odniesione jest zwycięstwem burżuazji

But with the development of industry the Proletariat not only increases in number

Ale wraz z rozwojem przemysłu proletariat nie tylko wzrasta liczebnie

the Proletariat becomes concentrated in greater masses and its strength grows

proletariat skupia się w większych masach, a jego siła rośnie

and the Proletariat feels that strength more and more

a proletariat coraz bardziej odczuwa tę siłę

The various interests and conditions of life within the ranks of the Proletariat are more and more equalised

Rozmaite interesy i warunki życia w szeregach proletariatu coraz bardziej się wyrównują

they become more in proportion as machinery obliterates all distinctions of labour

Stają się one tym bardziej proporcjonalne, im bardziej
maszyny zacierają wszelkie różnice w pracy
**and machinery nearly everywhere reduces wages to the same
low level**
i maszyny prawie wszędzie obniżają płace do tego samego
niskiego poziomu
**The growing competition among the Bourgeoisie, and the
resulting commercial crises, make the wages of the workers
ever more fluctuating**
Rosnąca konkurencja między burżuazją i wynikające z niej
kryzysy handlowe sprawiają, że płace robotników stają się
coraz bardziej zmienne
**The unceasing improvement of machinery, ever more
rapidly developing, makes their livelihood more and more
precarious**
Nieustanne doskonalenie maszyn, coraz szybciej się
rozwijających, sprawia, że ich egzystencja staje się coraz
bardziej niepewna
**the collisions between individual workmen and individual
Bourgeoisie take more and more the character of collisions
between two classes**
Zderzenia poszczególnych robotników z indywidualną
burżuazją przybierają coraz bardziej charakter zderzeń
między dwiema klasami
**Thereupon the workers begin to form combinations (Trades
Unions) against the Bourgeoisie**
Wtedy robotnicy zaczynają tworzyć związki zawodowe
przeciwko burżuazji
they club together in order to keep up the rate of wages
Zrzeszają się, aby utrzymać poziom płac
**they found permanent associations in order to make
provision beforehand for these occasional revolts**
Zakładali stałe stowarzyszenia, aby zawczasu zabezpieczyć
się na te sporadyczne bunty
Here and there the contest breaks out into riots
Tu i ówdzie spór przeradza się w zamieszki

Now and then the workers are victorious, but only for a time
Od czasu do czasu robotnicy odnoszą zwycięstwo, ale tylko
na jakiś czas
The real fruit of their battles lies, not in the immediate
result, but in the ever-expanding union of the workers
Prawdziwy owoc ich walk leży nie w bezpośrednim wyniku,
ale w stale rozszerzającym się związku zawodowym
robotników
This union is helped on by the improved means of
communication that are created by modern industry
Związek ten jest wspierany przez ulepszone środki
komunikacji, które są tworzone przez nowoczesny przemysł
modern communication places the workers of different
localities in contact with one another
Nowoczesna komunikacja sprawia, że pracownicy z różnych
miejscowości stykają się ze sobą
It was just this contact that was needed to centralise the
numerous local struggles into one national struggle between
classes
Właśnie ten kontakt był potrzebny, aby scentralizować liczne
walki lokalne w jedną narodową walkę między klasami
all of these struggles are of the same character, and every
class struggle is a political struggle
Wszystkie te walki mają ten sam charakter, a każda walka
klasowa jest walką polityczną
the burghers of the Middle Ages, with their miserable
highways, required centuries to form their unions
mieszczanie średniowiecza, ze swymi nędznymi drogami,
potrzebowali wieków, aby zawrzeć swoje związki
the modern proletarians, thanks to railways, achieve their
unions within a few years
Współcześni proletariusze, dzięki kolei, osiągają swoje
związki w ciągu kilku lat
This organisation of the proletarians into a class
consequently formed them into a political party
Ta organizacja proletariuszy w klasę przekształciła ich w

partię polityczną
the political class is continually being upset again by the competition between the workers themselves
Klasa polityczna jest ciągle na nowo wzburzana przez konkurencję między samymi robotnikami
But the political class continues to rise up again, stronger, firmer, mightier
Ale klasa polityczna wciąż się odradza, silniejsza, mocniejsza, potężniejsza
It compels legislative recognition of particular interests of the workers
Zmusza ona ustawodawcze do uznania partykularnych interesów pracowników
it does this by taking advantage of the divisions among the Bourgeoisie itself
czyni to, wykorzystując podziały wśród samej burżuazji
Thus the ten-hours' bill in England was put into law
W ten sposób ustawa o 10 godzinach pracy w Anglii została wprowadzona w życie
in many ways the collisions between the classes of the old society further is the course of development of the Proletariat
Pod wieloma względami zderzenie klas starego społeczeństwa jest dalszym kierunkiem rozwoju proletariatu
The Bourgeoisie finds itself involved in a constant battle
Burżuazja jest uwikłana w nieustanną walkę
At first it will find itself involved in a constant battle with the aristocracy
Na początku będzie uwikłany w ciągłą walkę z arystokracją
later on it will find itself involved in a constant battle with those portions of the Bourgeoisie itself
później znajdzie się w nieustannej walce z tymi częściami samej burżuazji
and their interests will have become antagonistic to the progress of industry
a ich interesy staną się antagonistyczne wobec postępu

przemysłu
at all times, their interests will have become antagonistic with the Bourgeoisie of foreign countries
w każdym czasie ich interesy staną się antagonistyczne z burżuazją obcych krajów
In all these battles it sees itself compelled to appeal to the Proletariat, and asks for its help
We wszystkich tych bitwach czuje się zmuszona odwołać się do proletariatu i prosi go o pomoc
and thus, it will feel compelled to drag it into the political arena
A tym samym poczuje się zmuszony do wciągnięcia go na arenę polityczną
The Bourgeoisie itself, therefore, supplies the Proletariat with its own instruments of political and general education
Sama więc burżuazja zaopatruje proletariat w własne narzędzia wychowania politycznego i ogólnego
in other words, it furnishes the Proletariat with weapons for fighting the Bourgeoisie
innymi słowy, dostarcza proletariatowi broni do walki z burżuazją
Further, as we have already seen, entire sections of the ruling classes are precipitated into the Proletariat
Dalej, jak już widzieliśmy, całe odłamy klas panujących zostają wciągnięte do proletariatu
the advance of industry sucks them into the Proletariat
postęp przemysłu wciąga ich w proletariat
or, at least, they are threatened in their conditions of existence
A przynajmniej są zagrożone w swoich warunkach egzystencji
These also supply the Proletariat with fresh elements of enlightenment and progress
Dostarczają one również proletariatowi nowych elementów oświecenia i postępu
Finally, in times when the class struggle nears the decisive hour

Wreszcie, w czasach, gdy walka klasowa zbliża się do
decydującej godziny
the process of dissolution going on within the ruling class
Proces rozpadu toczący się w klasie rządzącej
**in fact, the dissolution going on within the ruling class will
be felt within the whole range of society**
W rzeczywistości rozpad klasy rządzącej będzie odczuwalny
w całym społeczeństwie
**it will take on such a violent, glaring character, that a small
section of the ruling class cuts itself adrift**
Przybierze ona tak gwałtowny, rażący charakter, że niewielka
część klasy rządzącej odetnie się od dryfu
and that ruling class will join the revolutionary class
i że klasa rządząca przyłączy się do klasy rewolucyjnej
**the revolutionary class being the class that holds the future
in its hands**
Klasa rewolucyjna jest klasą, która trzyma przyszłość w
swoich rękach
**Just as at an earlier period, a section of the nobility went
over to the Bourgeoisie**
Podobnie jak we wcześniejszym okresie, część szlachty
przeszła na stronę burżuazji
**the same way a portion of the Bourgeoisie will go over to the
Proletariat**
w ten sam sposób część burżuazji przejdzie na stronę
proletariatu
**in particular, a portion of the Bourgeoisie will go over to a
portion of the Bourgeoisie ideologists**
w szczególności część burżuazji przejdzie na stronę części
ideologów burżuazji
**Bourgeoisie ideologists who have raised themselves to the
level of comprehending theoretically the historical
movement as a whole**
Ideolodzy burżuazji, którzy wznieśli się do poziomu
teoretycznego pojmowania ruchu historycznego jako całości
Of all the classes that stand face to face with the Bourgeoisie

today, the Proletariat alone is a really revolutionary class
Ze wszystkich klas, które dziś stoją twarzą w twarz z
burżuazją, tylko proletariat jest klasą prawdziwie rewolucyjną
**The other classes decay and finally disappear in the face of
Modern Industry**
Pozostałe klasy zanikają i ostatecznie znikają w obliczu
nowoczesnego przemysłu
the Proletariat is its special and essential product
Proletariat jest jego szczególnym i istotnym produktem
**The lower middle class, the small manufacturer, the
shopkeeper, the artisan, the peasant**
Niższa klasa średnia, drobny fabrykant, sklepikarz,
rzemieślnik, chłop
all these fight against the Bourgeoisie
wszystkie te walki z burżuazją
**they fight as fractions of the middle class to save themselves
from extinction**
Walczą jako frakcje klasy średniej, aby uratować się przed
wyginięciem
They are therefore not revolutionary, but conservative
Nie są więc rewolucyjni, lecz konserwatywni
**Nay more, they are reactionary, for they try to roll back the
wheel of history**
Co więcej, są reakcjonistami, ponieważ próbują cofnąć koło
historii
**If by chance they are revolutionary, they are so only in view
of their impending transfer into the Proletariat**
Jeśli przypadkiem są rewolucyjni, to tylko ze względu na
zbliżające się przejście do proletariatu
they thus defend not their present, but their future interests
W ten sposób bronią nie swoich obecnych, ale przyszłych
interesów
**they desert their own standpoint to place themselves at that
of the Proletariat**
porzucają swój własny punkt widzenia, aby postawić się na
stanowisku proletariatu

The "dangerous class," the social scum, that passively rotting mass thrown off by the lowest layers of old society

"Klasa niebezpieczna", szumowiny społeczne, ta biernie gnijąca masa wyrzucona przez najniższe warstwy starego społeczeństwa

they may, here and there, be swept into the movement by a proletarian revolution

Tu i ówdzie mogą zostać wciągnięci do ruchu przez rewolucję proletariacką

its conditions of life, however, prepare it far more for the part of a bribed tool of reactionary intrigue

Warunki jego życia przygotowują go jednak o wiele bardziej do roli przekupionego narzędzia reakcyjnej intrygi

In the conditions of the Proletariat, those of old society at large are already virtually swamped

W warunkach proletariatu warunki starego społeczeństwa w ogóle są już praktycznie zalane

The proletarian is without property

Proletariusz jest bez własności

his relation to his wife and children has no longer anything in common with the Bourgeoisie's family-relations

jego stosunek do żony i dzieci nie ma już nic wspólnego z rodzinnymi stosunkami burżuazji

modern industrial labour, modern subjection to capital, the same in England as in France, in America as in Germany

nowoczesna praca przemysłowa, nowoczesne podporządkowanie kapitałowi, takie samo w Anglii jak we Francji, w Ameryce jak i w Niemczech

his condition in society has stripped him of every trace of national character

Jego pozycja społeczna odarła go z wszelkich śladów charakteru narodowego

Law, morality, religion, are to him so many Bourgeoisie prejudices

Prawo, moralność, religia są dla niego tyloma przesądami burżuazji and behind these prejudices lurk in ambush just as many Bourgeoisie interests

a za tymi przesądami się równie wiele interesów burżuazji

All the preceding classes that got the upper hand, sought to fortify their already acquired status

Wszystkie poprzednie klasy, które uzyskały przewagę, starały się umocnić swój już zdobyty status

they did this by subjecting society at large to their conditions of appropriation

Zrobili to, podporządkowując całe społeczeństwo swoim warunkom zawłaszczenia

The proletarians cannot become masters of the productive forces of society

Proletariusze nie mogą stać się panami sił wytwórczych społeczeństwa

it can only do this by abolishing their own previous mode of appropriation

Może to uczynić jedynie poprzez zniesienie własnego dotychczasowego sposobu zawłaszczania

and thereby it also abolishes every other previous mode of appropriation

a tym samym znosi również każdy inny poprzedni sposób zawłaszczania

They have nothing of their own to secure and to fortify

Nie mają nic własnego, co mogliby zabezpieczyć i ufortyfikować

their mission is to destroy all previous securities for, and insurances of, individual property

Ich misją jest zniszczenie wszystkich dotychczasowych zabezpieczeń i ubezpieczeń majątku indywidualnego

All previous historical movements were movements of minorities

Wszystkie poprzednie ruchy historyczne były ruchami mniejszości

or they were movements in the interests of minorities

albo były to ruchy w interesie mniejszości

The proletarian movement is the self-conscious, independent movement of the immense majority
Ruch proletariacki jest samoświadomym, niezależnym ruchem ogromnej większości
and it is a movement in the interests of the immense majority
Jest to ruch w interesie ogromnej większości
The Proletariat, the lowest stratum of our present society
Proletariat, najniższa warstwa naszego obecnego społeczeństwa
it cannot stir or raise itself up without the whole superincumbent strata of official society being sprung into the air
Nie może się poruszyć ani podnieść, dopóki nie wyskoczy w powietrze wszystkie nadrzędne warstwy oficjalnego społeczeństwa
Though not in substance, yet in form, the struggle of the Proletariat with the Bourgeoisie is at first a national struggle
Walka proletariatu z burżuazją, choć nie w istocie, ale nie w formie, jest z początku walką narodową
The Proletariat of each country must, of course, first of all settle matters with its own Bourgeoisie
Proletariat każdego kraju musi oczywiście przede wszystkim załatwić sprawy ze swoją burżuazją
In depicting the most general phases of the development of the Proletariat, we traced the more or less veiled civil war
Przedstawiając najogólniejsze fazy rozwoju proletariatu, prześledziliśmy mniej lub bardziej zawoalowaną wojnę domową
this civil is raging within existing society
To obywatelskie szaleje w istniejącym społeczeństwie
it will rage up to the point where that war breaks out into open revolution
Będzie szaleć aż do momentu, w którym ta wojna przerodzi się w otwartą rewolucję
and then the violent overthrow of the Bourgeoisie lays the

foundation for the sway of the Proletariat

a następnie gwałtowne obalenie burżuazji kładzie podwaliny
pod panowanie proletariatu

**Hitherto, every form of society has been based, as we have
already seen, on the antagonism of oppressing and
oppressed classes**

Dotychczas, jak już widzieliśmy, każda forma społeczeństwa
opierała się na antagonizmie klas uciskających i uciskanych

**But in order to oppress a class, certain conditions must be
assured to it**

Lecz aby uciskać jakąś klasę, trzeba jej zapewnić pewne
warunki

**the class must be kept under conditions in which it can, at
least, continue its slavish existence**

Klasa ta musi być utrzymywana w warunkach, w których
może przynajmniej kontynuować swoją niewolniczą
egzystencję

**The serf, in the period of serfdom, raised himself to
membership in the commune**

Chłop pańszczyźniany w okresie pańszczyzny awansował na
członka gminy

**just as the petty Bourgeoisie, under the yoke of feudal
absolutism, managed to develop into a Bourgeoisie**

tak jak drobnomieszczaństwo, pod jarzmem feudalnego
absolutyzmu, zdołało rozwinąć się w burżuazję

**The modern labourer, on the contrary, instead of rising with
the progress of industry, sinks deeper and deeper**

Współczesny robotnik, przeciwnie, zamiast wzrastać wraz z
postępem przemysłu, pogrąża się coraz głębiej i głębiej

he sinks below the conditions of existence of his own class

stacza się poniżej warunków egzystencji własnej klasy

**He becomes a pauper, and pauperism develops more rapidly
than population and wealth**

Staje się nędzarzem, a pauperyzm rozwija się szybciej niż
populacja i bogactwo

And here it becomes evident, that the Bourgeoisie is unfit

any longer to be the ruling class in society
I tu staje się oczywiste, że burżuazja nie nadaje się już dłużej do bycia klasą panującą w społeczeństwie
and it is unfit to impose its conditions of existence upon society as an over-riding law
i nie nadaje się do narzucania społeczeństwu swoich warunków egzystencji jako nadrzędnego prawa
It is unfit to rule because it is incompetent to assure an existence to its slave within his slavery
Nie nadaje się do rządzenia, ponieważ nie jest w stanie zapewnić egzystencji swemu niewolnikowi w jego niewoli
because it cannot help letting him sink into such a state, that it has to feed him, instead of being fed by him
ponieważ nie może nic poradzić na to, by pogrążył się w takim stanie, że musi go karmić, zamiast być przez niego karmionym
Society can no longer live under this Bourgeoisie
Społeczeństwo nie może dłużej żyć pod rządami tej burżuazji
in other words, its existence is no longer compatible with society
Innymi słowy, jego istnienie nie jest już zgodne ze społeczeństwem
The essential condition for the existence, and for the sway of the Bourgeoisie class, is the formation and augmentation of capital
Zasadniczym warunkiem istnienia i panowania klasy burżuazyjnej jest tworzenie i pomnażanie kapitału
the condition for capital is wage-labour
Warunkiem kapitału jest praca najemna
Wage-labour rests exclusively on competition between the labourers
Praca najemna opiera się wyłącznie na konkurencji między robotnikami
The advance of industry, whose involuntary promoter is the Bourgeoisie, replaces the isolation of the labourers
Postęp przemysłu, którego mimowolnym promotorem jest

burżuazja, zastępuje izolację robotników
due to competition, due to their revolutionary combination, due to association
ze względu na konkurencję, ze względu na ich rewolucyjne połączenie, ze względu na skojarzenia
The development of Modern Industry cuts from under its feet the very foundation on which the Bourgeoisie produces and appropriates products
Rozwój nowoczesnego przemysłu podcina mu spod nóg fundament, na którym burżuazja wytwarza i przywłaszcza sobie produkty
What the Bourgeoisie produces, above all, is its own grave-diggers
Burżuazja produkuje przede wszystkim własnych grabarzy
The fall of the Bourgeoisie and the victory of the Proletariat are equally inevitable
Upadek burżuazji i zwycięstwo proletariatu są równie nieuniknione

Proletarians and Communists
Proletariusze i komuniści

In what relation do the Communists stand to the proletarians as a whole?
W jakim stosunku stoją komuniści do proletariuszy jako całości?

The Communists do not form a separate party opposed to other working-class parties
Komuniści nie tworzą odrębnej partii w opozycji do innych partii robotniczych

They have no interests separate and apart from those of the proletariat as a whole
Nie mają oni żadnych interesów odrębnych i odrębnych od interesów proletariatu jako całości

They do not set up any sectarian principles of their own, by which to shape and mould the proletarian movement
Nie ustanawiają oni żadnych własnych sekciarskich zasad, według których mogliby kształtować i formować ruch proletariacki

The Communists are distinguished from the other working-class parties by only two things
Komuniści różnią się od innych partii robotniczych tylko dwiema rzeczami

Firstly, they point out and bring to the front the common interests of the entire proletariat, independently of all nationality
Po pierwsze, wskazują i wysuwają na pierwszy plan wspólne interesy całego proletariatu, niezależnie od wszystkich narodowości

this they do in the national struggles of the proletarians of the different countries
Czynią to w walkach narodowych proletariuszy różnych krajów

Secondly, they always and everywhere represent the interests of the movement as a whole
Po drugie, zawsze i wszędzie reprezentują interesy ruchu jako

całości
this they do in the various stages of development, which the struggle of the working class against the Bourgeoisie has to pass through
Czynią to w różnych stadiach rozwoju, przez które musi przejść walka klasy robotniczej z burżuazją
The Communists, therefore, are on the one hand, practically, the most advanced and resolute section of the working-class parties of every country
Komuniści są więc z jednej strony, praktycznie najbardziej postępową i zdecydowaną sekcją partii robotniczych każdego kraju
they are that section of the working class which pushes forward all others
Są tą częścią klasy robotniczej, która popycha do przodu wszystkie inne
theoretically, they also have the advantage of clearly understanding the line of march
Teoretycznie mają też tę zaletę, że dobrze rozumieją linię marszu
this they understand better compared the great mass of the proletariat
Rozumieją to lepiej w porównaniu z wielkimi masami proletariatu
they understand the conditions, and the ultimate general results of the proletarian movement
Rozumieją oni warunki i ostateczne ogólne rezultaty ruchu proletariackiego
The immediate aim of the Communist is the same as that of all the other proletarian parties
Bezpośredni cel komunistów jest taki sam, jak wszystkich innych partii proletariackich
their aim is the formation of the proletariat into a class
Ich celem jest uformowanie proletariatu w klasę
they aim to overthrow the Bourgeoisie supremacy
dążą do obalenia supremacji burżuazji

the strive for the conquest of political power by the proletariat
dążenie do zdobycia władzy politycznej przez proletariat
The theoretical conclusions of the Communists are in no way based on ideas or principles of reformers
Teoretyczne wnioski komunistów nie są w żaden sposób oparte na ideach czy zasadach reformatorów
it wasn't would-be universal reformers that invented or discovered the theoretical conclusions of the Communists
to nie niedoszli uniwersalni reformatorzy wymyślili lub odkryli teoretyczne wnioski komunistów
They merely express, in general terms, actual relations springing from an existing class struggle
Wyrażają one jedynie, w ogólnych kategoriach, rzeczywiste stosunki wynikające z istniejącej walki klasowej
and they describe the historical movement going on under our very eyes that have created this class struggle
Opisują one historyczny ruch, który rozgrywa się na naszych oczach, a który stworzył tę walkę klasową
The abolition of existing property relations is not at all a distinctive feature of Communism
Zniesienie istniejących stosunków własności nie jest wcale charakterystyczną cechą komunizmu
All property relations in the past have continually been subject to historical change
Wszystkie stosunki własnościowe w przeszłości podlegały nieustannym zmianom historycznym
and these changes were consequent upon the change in historical conditions
Zmiany te wynikały ze zmiany warunków historycznych
The French Revolution, for example, abolished feudal property in favour of Bourgeoisie property
Na przykład Rewolucja Francuska zniosła własność feudalną na rzecz własności burżuazyjnej
The distinguishing feature of Communism is not the abolition of property, generally

Cechą wyróżniającą komunizm nie jest zniesienie własności, ogólnie rzecz biorąc

but the distinguishing feature of Communism is the abolition of Bourgeoisie property

ale cechą wyróżniającą komunizm jest zniesienie własności burżuazyjnej

But modern Bourgeoisie private property is the final and most complete expression of the system of producing and appropriating products

Ale współczesna burżuazja własności prywatnej jest ostatecznym i najpełniejszym wyrazem systemu produkcji i przywłaszczania sobie produktów

it is the final state of a system that is based on class antagonisms, where class antagonism is the exploitation of the many by the few

Jest to ostateczny stan systemu opartego na antagonizmach klasowych, gdzie antagonizm klasowy jest wyzyskiem wielu przez nielicznych

In this sense, the theory of the Communists may be summed up in the single sentence; the Abolition of private property

W tym sensie teorię komunistów można streścić w jednym zdaniu; zniesienie własności prywatnej

We Communists have been reproached with the desire of abolishing the right of personally acquiring property

Nam, komunistom, zarzucano pragnienie zniesienia prawa do osobistego nabywania własności

it is claimed that this property is the fruit of a man's own labour

Twierdzi się, że ta właściwość jest owocem własnej pracy człowieka

and this property is alleged to be the groundwork of all personal freedom, activity and independence.

A ta własność jest rzekomo podstawą wszelkiej osobistej wolności, aktywności i niezależności.

"Hard-won, self-acquired, self-earned property!"

"Ciężko zdobyta, zdobyta przez siebie, własnoręcznie

zarobiona własność!"

Do you mean the property of the petty artisan and of the small peasant?

Czy masz na myśli własność drobnego rzemieślnika i drobnego chłopa?

Do you mean a form of property that preceded the Bourgeoisie form?

Czy masz na myśli formę własności, która poprzedzała formę burżuazji?

There is no need to abolish that, the development of industry has to a great extent already destroyed it

Nie ma potrzeby tego znosić, rozwój przemysłu już go w dużej mierze zniszczył

and development of industry is still destroying it daily

a rozwój przemysłu wciąż go niszczy z dnia na dzień

Or do you mean modern Bourgeoisie private property?

A może masz na myśli współczesną burżuazyjną własność prywatną?

But does wage-labour create any property for the labourer?

Ale czy praca najemna tworzy jakąś własność dla robotnika?

no, wage labour creates not one bit of this kind of property!

Nie, praca najemna nie tworzy ani odrobiny tego rodzaju własności!

what wage labour does create is capital; that kind of property which exploits wage-labour

To, co tworzy praca najemna, to kapitał; ten rodzaj własności, który wyzyskuje pracę najemną

capital cannot increase except upon condition of begetting a new supply of wage-labour for fresh exploitation

Kapitał nie może się pomnażać, chyba że pod warunkiem zrodzenia nowej podaży pracy najemnej dla nowego wyzysku

Property, in its present form, is based on the antagonism of capital and wage-labour

Własność w swej obecnej formie opiera się na antagonizmie kapitału i pracy najemnej

Let us examine both sides of this antagonism

Przyjrzyjmy się obu stronom tego antagonizmu

To be a capitalist is to have not only a purely personal status

Być kapitalistą to nie tylko mieć czysto osobisty status

instead, to be a capitalist is also to have a social status in production

Zamiast tego, być kapitalistą to także mieć status społeczny w produkcji

because capital is a collective product; only by the united action of many members can it be set in motion

ponieważ kapitał jest produktem kolektywnym; Tylko dzięki zjednoczonemu działaniu wielu członków może ona zostać wprawiona w ruch

but this united action is a last resort, and actually requires all members of society

Ale to zjednoczone działanie jest ostatecznością i w rzeczywistości wymaga wszystkich członków społeczeństwa

Capital does get converted into the property of all members of society

Kapitał zamienia się we własność wszystkich członków społeczeństwa

but Capital is, therefore, not a personal power; it is a social power

ale kapitał nie jest więc władzą osobistą; Jest to siła społeczna

so when capital is converted into social property, personal property is not thereby transformed into social property

Tak więc, gdy kapitał zamienia się we własność społeczną, własność osobista nie przekształca się w własność społeczną

It is only the social character of the property that is changed, and loses its class-character

Zmienia się tylko społeczny charakter własności i traci ona swój klasowy charakter

Let us now look at wage-labour

Spójrzmy teraz na pracę najemną

The average price of wage-labour is the minimum wage, i.e., that quantum of the means of subsistence

Przeciętną ceną pracy najemnej jest płaca minimalna, tj.

kwantura środków utrzymania
this wage is absolutely requisite in bare existence as a labourer
Ta płaca jest absolutnie niezbędna w gołej egzystencji robotnika
What, therefore, the wage-labourer appropriates by means of his labour, merely suffices to prolong and reproduce a bare existence
To, co więc robotnik najemny przywłaszcza sobie za pomocą swojej pracy, wystarcza jedynie do przedłużenia i odtworzenia gołej egzystencji
We by no means intend to abolish this personal appropriation of the products of labour
Nie zamierzamy bynajmniej znieść tego osobistego przywłaszczania sobie produktów pracy
an appropriation that is made for the maintenance and reproduction of human life
przywłaszczenie przeznaczone na utrzymanie i reprodukcję życia ludzkiego
such personal appropriation of the products of labour leave no surplus wherewith to command the labour of others
Takie osobiste przywłaszczanie sobie produktów pracy nie pozostawia żadnej nadwyżki, którą można by rozporządzać pracą innych
All that we want to do away with, is the miserable character of this appropriation
Jedyne, czego chcemy się pozbyć, to nędzny charakter tego zawłaszczenia
the appropriation under which the labourer lives merely to increase capital
przywłaszczenie, pod którym żyje robotnik tylko po to, by pomnażać kapitał
he is allowed to live only in so far as the interest of the ruling class requires it
Wolno mu żyć tylko w takim zakresie, w jakim wymaga tego interes klasy rządzącej

In Bourgeoisie society, living labour is but a means to increase accumulated labour

W społeczeństwie burżuazyjnym żywa praca jest tylko środkiem do zwiększenia nagromadzonej pracy

In Communist society, accumulated labour is but a means to widen, to enrich, to promote the existence of the labourer

W społeczeństwie komunistycznym nagromadzona praca jest tylko środkiem do poszerzania, wzbogacania się, popierania egzystencji robotnika

In Bourgeoisie society, therefore, the past dominates the present

W społeczeństwie burżuazyjnym przeszłość panuje więc nad teraźniejszością

in Communist society the present dominates the past

w społeczeństwie komunistycznym teraźniejszość dominuje nad przeszłością

In Bourgeoisie society capital is independent and has individuality

W społeczeństwie burżuazyjnym kapitał jest niezależny i posiada indywidualność

In Bourgeoisie society the living person is dependent and has no individuality

W społeczeństwie burżuazyjnym żywa osoba jest zależna i nie ma indywidualności

And the abolition of this state of things is called by the Bourgeoisie, abolition of individuality and freedom!

A zniesienie tego stanu rzeczy burżuazja nazywa zniesieniem indywidualności i wolności!

And it is rightly called the abolition of individuality and freedom!

I słusznie nazywa się to zniesieniem indywidualności i wolności!

Communism aims for the abolition of Bourgeoisie individuality

Komunizm dąży do zniesienia burżuazyjnej indywidualności

Communism intends for the abolition of Bourgeoisie

independence

Komunizm dąży do zniesienia niezależności burżuazji

Bourgeoisie freedom is undoubtedly what communism is aiming at

Wolność burżuazji jest niewątpliwie tym, do czego dąży komunizm

under the present Bourgeoisie conditions of production, freedom means free trade, free selling and buying

w obecnych burżuazyjnych warunkach produkcji wolność oznacza wolny handel, wolną sprzedaż i kupno

But if selling and buying disappears, free selling and buying also disappears

Ale jeśli znika sprzedawanie i kupowanie, znika również swobodna sprzedaż i kupno

"brave words" by the Bourgeoisie about free selling and buying only have meaning in a limited sense

"Odważne słowa" burżuazji o wolnej sprzedaży i kupnie mają znaczenie tylko w ograniczonym sensie

these words have meaning only in contrast with restricted selling and buying

Słowa te mają znaczenie tylko w przeciwieństwie do ograniczonej sprzedaży i kupna

and these words have meaning only when applied to the fettered traders of the Middle Ages

Słowa te mają sens tylko wtedy, gdy odnoszą się do spętanych kupców średniowiecza

and that assumes these words even have meaning in a Bourgeoisie sense

i to zakłada, że słowa te mają nawet znaczenie w sensie burżuazyjnym

but these words have no meaning when they're being used to oppose the Communistic abolition of buying and selling

ale te słowa nie mają żadnego znaczenia, gdy są używane do przeciwstawiania się komunistycznemu zniesieniu kupna i sprzedaży

the words have no meaning when they're being used to

oppose the Bourgeoisie conditions of production being abolished

słowa te nie mają żadnego znaczenia, gdy są używane do przeciwstawienia się zniesieniu burżuazyjnych warunków produkcji

and they have no meaning when they're being used to oppose the Bourgeoisie itself being abolished

i nie mają żadnego znaczenia, gdy są używane do sprzeciwiania się obaleniu samej burżuazji

You are horrified at our intending to do away with private property

Jesteście przerażeni tym, że zamierzamy zlikwidować własność prywatną

But in your existing society, private property is already done away with for nine-tenths of the population

Ale w waszym obecnym społeczeństwie własność prywatna została już zniesiona dla dziewięciu dziesiątych populacji

the existence of private property for the few is solely due to its non-existence in the hands of nine-tenths of the population

Istnienie własności prywatnej dla nielicznych wynika wyłącznie z tego, że nie istnieje ona w rękach dziewięciu dziesiątych populacji

You reproach us, therefore, with intending to do away with a form of property

Zarzucacie nam więc, że zamierzamy pozbyć się pewnej formy własności

but private property necessitates the non-existence of any property for the immense majority of society

Ale własność prywatna wymaga nieistnienia jakiejkolwiek własności dla ogromnej większości społeczeństwa

In one word, you reproach us with intending to do away with your property

Jednym słowem zarzucasz nam, że zamierzamy pozbyć się twojej własności

And it is precisely so; doing away with your Property is just

what we intend

I tak właśnie jest; pozbycie się Twojej własności jest dokładnie tym, co zamierzamy

From the moment when labour can no longer be converted into capital, money, or rent

Od momentu, w którym praca nie może być już zamieniona na kapitał, pieniądz lub rentę

when labour can no longer be converted into a social power capable of being monopolised

kiedy praca nie może być już przekształcona w siłę społeczną dającą się zmonopolizować

from the moment when individual property can no longer be transformed into Bourgeoisie property

od momentu, w którym własność indywidualna nie może być już przekształcona we własność burżuazyjną

from the moment when individual property can no longer be transformed into capital

od momentu, w którym własność indywidualna nie może być już przekształcona w kapitał

from that moment, you say individuality vanishes

Od tego momentu mówisz, że indywidualność znika

You must, therefore, confess that by "individual" you mean no other person than the Bourgeoisie

Musicie więc wyznać, że przez "jednostkę" rozumiecie nie nikogo innego, jak tylko burżuazję

you must confess it specifically refers to the middle-class owner of property

Musicie przyznać, że odnosi się to konkretnie do właściciela nieruchomości z klasy średniej

This person must, indeed, be swept out of the way, and made impossible

Osoba ta musi być usunięta z drogi i uniemożliwiona

Communism deprives no man of the power to appropriate the products of society

Komunizm nie pozbawia nikogo władzy przywłaszczania sobie wytworów społeczeństwa

all that Communism does is to deprive him of the power to subjugate the labour of others by means of such appropriation

wszystko, co robi komunizm, to pozbawienie go władzy podporządkowania sobie pracy innych za pomocą takiego zawłaszczenia

It has been objected that upon the abolition of private property all work will cease

Sprzeciwiano się, że po zniesieniu własności prywatnej ustanie wszelka praca

and it is then suggested that universal laziness will overtake us

Sugeruje się wtedy, że dopadnie nas powszechne lenistwo

According to this, Bourgeoisie society ought long ago to have gone to the dogs through sheer idleness

Zgodnie z tym społeczeństwo burżuazyjne już dawno powinno było zejść na psy przez zwykłe próżniactwo

because those of its members who work, acquire nothing

ponieważ ci z jego członków, którzy pracują, nie zdobywają niczego

and those of its members who acquire anything, do not work

a ci z jego członków, którzy cokolwiek zdobywają, nie pracują

The whole of this objection is but another expression of the tautology

Cały ten zarzut jest tylko kolejnym wyrazem tautologii

there can no longer be any wage-labour when there is no longer any capital

Nie może już być pracy najemnej, gdy nie ma już kapitału

there is no difference between material products and mental products

Nie ma różnicy między produktami materialnymi a wytworami psychicznymi

communism proposes both of these are produced in the same way

Komunizm proponuje, że oba te elementy są produkowane w ten sam sposób

but the objections against the Communistic modes of producing these are the same

ale zarzuty przeciwko komunistycznym sposobom ich wytwarzania są takie same

to the Bourgeoisie the disappearance of class property is the disappearance of production itself

Dla burżuazji zanik własności klasowej jest zanikiem samej produkcji

so the disappearance of class culture is to him identical with the disappearance of all culture

Tak więc zanik kultury klasowej jest dla niego tożsamy ze zniknięciem wszelkiej kultury

That culture, the loss of which he laments, is for the enormous majority a mere training to act as a machine

Ta kultura, nad której utratą ubolewa, jest dla ogromnej większości zwykłym treningiem do działania jak maszyna

Communists very much intend to abolish the culture of Bourgeoisie property

Komuniści bardzo zamierzają obalić kulturę burżuazyjnej własności

But don't wrangle with us so long as you apply the standard of your Bourgeoisie notions of freedom, culture, law, etc

Ale nie kłóćcie się z nami tak długo, jak długo stosujecie standardy waszych burżuazyjnych pojęć wolności, kultury, prawa itd

Your very ideas are but the outgrowth of the conditions of your Bourgeoisie production and Bourgeoisie property

Same wasze idee są tylko wytworem warunków waszej burżuazyjnej produkcji i burżuazyjnej własności

just as your jurisprudence is but the will of your class made into a law for all

tak jak wasza jurysprudzja jest tylko wolą waszej klasy, która została przekształcona w prawo dla wszystkich

the essential character and direction of this will are determined by the economical conditions your social class create

Zasadniczy charakter i kierunek tej woli są zdeterminowane
przez warunki ekonomiczne, jakie stwarza wasza klasa
społeczna

**The selfish misconception that induces you to transform
social forms into eternal laws of nature and of reason**
Samolubne błędne przekonanie, które skłania cię do
przekształcania form społecznych w wieczne prawa natury i
rozumu

**the social forms springing from your present mode of
production and form of property**
Formy społeczne wyrastające z waszego obecnego sposobu
produkcji i formy własności

**historical relations that rise and disappear in the progress of
production**
Historyczne stosunki, które powstają i zanikają w postępie
produkcji

**this misconception you share with every ruling class that has
preceded you**
To błędne przekonanie dzielicie z każdą klasą rządzącą, która
was poprzedziła

**What you see clearly in the case of ancient property, what
you admit in the case of feudal property**
To, co widzisz wyraźnie w przypadku własności starożytnej,
co przyznajesz w przypadku własności feudalnej

**these things you are of course forbidden to admit in the case
of your own Bourgeoisie form of property**
Do tych rzeczy nie wolno wam oczywiście przyznawać się w
przypadku waszej własnej, burżuazyjnej formy własności

**Abolition of the family! Even the most radical flare up at
this infamous proposal of the Communists**
Zniesienie rodziny! Nawet najbardziej radykalni wybuchają
na tę haniebną propozycję komunistów

**On what foundation is the present family, the Bourgeoisie
family, based?**
Na jakim fundamencie opiera się obecna rodzina, rodzina
burżuazyjna?

the foundation of the present family is based on capital and private gain

Fundament obecnej rodziny opiera się na kapitale i prywatnym zysku

In its completely developed form this family exists only among the Bourgeoisie

W swej całkowicie rozwiniętej formie rodzina ta istnieje tylko wśród burżuazji

this state of things finds its complement in the practical absence of the family among the proletarians

Dopełnieniem tego stanu rzeczy jest praktyczna nieobecność rodziny wśród proletariuszy

this state of things can be found in public prostitution

Taki stan rzeczy można znaleźć w publicznej prostytucji

The Bourgeoisie family will vanish as a matter of course when its complement vanishes

Rodzina burżuazyjna zniknie jako rzecz oczywista, gdy zniknie jej dopełnienie

and both of these will will vanish with the vanishing of capital

i obie te rzeczy znikną wraz ze zniknięciem kapitału

Do you charge us with wanting to stop the exploitation of children by their parents?

Czy zarzuca nam Pan, że chcemy powstrzymać wykorzystywanie dzieci przez ich rodziców?

To this crime we plead guilty

Do tej zbrodni przyznajemy się

But, you will say, we destroy the most hallowed of relations, when we replace home education by social education

Ale, powiecie, niszczymy najświętsze stosunki, kiedy zastępujemy edukację domową edukacją społeczną

is your education not also social? And is it not determined by the social conditions under which you educate?

Czy twoje wykształcenie nie jest również społeczne? A czyż nie są one zdeterminowane warunkami społecznymi, w jakich się kształcicie?

by the intervention, direct or indirect, of society, by means of schools, etc.

poprzez bezpośrednią lub pośrednią interwencję społeczeństwa, szkół itp.

The Communists have not invented the intervention of society in education

Komuniści nie wymyślili interwencji społeczeństwa w edukację

they do but seek to alter the character of that intervention

Dążą one jedynie do zmiany charakteru tej interwencji

and they seek to rescue education from the influence of the ruling class

i starają się uratować edukację przed wpływami klasy rządzącej

The Bourgeoisie talk of the hallowed co-relation of parent and child

Burżuazja mówi o uświęconym współzwiązku rodzica i dziecka

but this clap-trap about the family and education becomes all the more disgusting when we look at Modern Industry

ale ta pułapka na temat rodziny i edukacji staje się jeszcze bardziej obrzydliwa, gdy spojrzymy na Współczesny Przemysł

all family ties among the proletarians are torn asunder by modern industry

Wszystkie więzy rodzinne między proletariuszami są rozrywane przez nowoczesny przemysł

their children are transformed into simple articles of commerce and instruments of labour

Ich dzieci stają się prostymi przedmiotami handlu i narzędziami pracy

But you Communists would create a community of women, screams the whole Bourgeoisie in chorus

Ale wy, komuniści, stworzylibyście wspólnotę kobiet, krzyczy chórem cała burżuazja

The Bourgeoisie sees in his wife a mere instrument of

production
Burżuazja widzi w żonie jedynie narzędzie produkcji
He hears that the instruments of production are to be exploited by all
Słyszy, że narzędzia produkcji mają być eksploatowane przez wszystkich
and, naturally, he can come to no other conclusion than that the lot of being common to all will likewise fall to women
I, naturalnie, nie może dojść do innego wniosku niż ten, że los bycia wspólnym dla wszystkich przypadnie również kobietom
He has not even a suspicion that the real point is to do away with the status of women as mere instruments of production
Nie podejrzewa nawet, że prawdziwym celem jest zniesienie statusu kobiet jako zwykłych narzędzi produkcji
For the rest, nothing is more ridiculous than the virtuous indignation of our Bourgeoisie at the community of women
Co do reszty, nie ma nic śmieszniejszego niż cnotliwe oburzenie naszej burżuazji na wspólnotę kobiet
they pretend it is to be openly and officially established by the Communists
udają, że jest ona jawnie i oficjalnie ustanowiona przez komunistów
The Communists have no need to introduce community of women, it has existed almost from time immemorial
Komuniści nie mają potrzeby wprowadzania wspólnoty kobiet, istnieje ona niemal od niepamiętnych czasów
Our Bourgeoisie are not content with having the wives and daughters of their proletarians at their disposal
Nasza burżuazja nie zadowala się tym, że ma do dyspozycji żony i córki swoich proletariuszy
they take the greatest pleasure in seducing each other's wives
Największą przyjemność sprawia im uwodzenie nawzajem swoich żon
and that is not even to speak of common prostitutes

Nie mówiąc już o pospolitych prostytutkach
Bourgeoisie marriage is in reality a system of wives in common
Małżeństwo burżuazyjne jest w rzeczywistości systemem wspólnych żon
then there is one thing that the Communists might possibly be reproached with
Jest jeszcze jedna rzecz, którą można by zarzucić komunistom
they desire to introduce an openly legalised community of women
Pragną wprowadzić otwarcie zalegalizowaną wspólnotę kobiet
rather than a hypocritically concealed community of women
a nie obłudnie skrywana wspólnota kobiet
the community of women springing from the system of production
Wspólnota kobiet wyrastająca z systemu produkcji
abolish the system of production, and you abolish the community of women
Zlikwidujcie system produkcji, a zlikwidujecie wspólnotę kobiet
both public prostitution is abolished, and private prostitution
Zniesiona zostaje zarówno prostytucja publiczna, jak i prywatna
The Communists are further more reproached with desiring to abolish countries and nationality
Komunistom zarzuca się ponadto, że dążą do zniesienia państw i narodowości
The working men have no country, so we cannot take from them what they have not got
Robotnicy nie mają ojczyzny, więc nie możemy im odebrać tego, czego nie dostali
the proletariat must first of all acquire political supremacy
Proletariat musi przede wszystkim zdobyć przewagę polityczną

the proletariat must rise to be the leading class of the nation
Proletariat musi wyrosnąć na klasę przywódczą narodu
the proletariat must constitute itself the nation
Proletariat musi ukonstytuować się jako naród
it is, so far, itself national, though not in the Bourgeoisie
sense of the word
jest ona jak dotąd sama narodowa, choć nie w burżuazyjnym
znaczeniu tego słowa
National differences and antagonisms between peoples are
daily more and more vanishing
Różnice i antagonizmy narodowe między narodami zanikają z
dnia na dzień coraz bardziej
owing to the development of the Bourgeoisie, to freedom of
commerce, to the world-market
dzięki rozwojowi burżuazji, wolności handlu, rynkowi
światowemu
to uniformity in the mode of production and in the
conditions of life corresponding thereto
jednolitości sposobu produkcji i odpowiadających mu
warunków życia
The supremacy of the proletariat will cause them to vanish
still faster
Panowanie proletariatu spowoduje, że znikną oni jeszcze
szybciej
United action, of the leading civilised countries at least, is
one of the first conditions for the emancipation of the
proletariat
Zjednoczone działanie, przynajmniej wiodących krajów
cywilizowanych, jest jednym z pierwszych warunków
wyzwolenia proletariatu
In proportion as the exploitation of one individual by
another is put an end to, the exploitation of one nation by
another will also be put an end to
W miarę jak kończy się wyzysk jednego narodu przez drugi,
położy się również kres wyzyskowi jednego narodu przez
drugi

In proportion as the antagonism between classes within the nation vanishes, the hostility of one nation to another will come to an end

W miarę jak zanikają antagonizmy między klasami wewnątrz narodu, kończy się wrogość jednego narodu do drugiego

The charges against Communism made from a religious, a philosophical, and, generally, from an ideological standpoint, are not deserving of serious examination

Zarzuty stawiane komunizmowi z religijnego, filozoficznego i w ogóle ideologicznego punktu widzenia nie zasługują na poważną analizę

Does it require deep intuition to comprehend that man's ideas, views and conceptions changes with every change in the conditions of his material existence?

Czy potrzeba głębokiej intuicji, aby pojąć, że idee, poglądy i koncepcje człowieka zmieniają się wraz z każdą zmianą warunków jego materialnej egzystencji?

is it not obvious that man's consciousness changes when his social relations and his social life changes?

Czyż nie jest rzeczą oczywistą, że świadomość człowieka zmienia się, gdy zmieniają się jego stosunki społeczne i życie społeczne?

What else does the history of ideas prove, than that intellectual production changes its character in proportion as material production is changed?

Czegóż innego dowodzi historia idei, jeśli nie tego, że produkcja intelektualna zmienia swój charakter w miarę jak zmienia się produkcja materialna?

The ruling ideas of each age have ever been the ideas of its ruling class

Idee rządzące każdej epoki zawsze były ideami klasy rządzącej

When people speak of ideas that revolutionise society, they do but express one fact

Kiedy ludzie mówią o ideach, które rewolucjonizują społeczeństwo, wyrażają tylko jeden fakt

within the old society, the elements of a new one have been created

W starym społeczeństwie powstały elementy nowego

and that the dissolution of the old ideas keeps even pace with the dissolution of the old conditions of existence

i że rozpad starych idei dotrzymuje kroku rozkładowi starych warunków bytu

When the ancient world was in its last throes, the ancient religions were overcome by Christianity

Kiedy starożytny świat przeżywał swój ostatni upadek, starożytne religie zostały pokonane przez chrześcijaństwo

When Christian ideas succumbed in the 18th century to rationalist ideas, feudal society fought its death battle with the then revolutionary Bourgeoisie

Kiedy w XVIII wieku idee chrześcijańskie uległy ideom racjonalistycznym, społeczeństwo feudalne stoczyło śmiertelną walkę z rewolucyjną wówczas burżuazją

The ideas of religious liberty and freedom of conscience merely gave expression to the sway of free competition within the domain of knowledge

Idee wolności religijnej i wolności sumienia dały jedynie wyraz wpływowi wolnej konkurencji w dziedzinie wiedzy

"Undoubtedly," it will be said, "religious, moral, philosophical and juridical ideas have been modified in the course of historical development"

Ktoś powie, że "niewątpliwie idee religijne, moralne, filozoficzne i prawne ulegały zmianom w ciągu rozwoju historycznego"

"But religion, morality philosophy, political science, and law, constantly survived this change"

"Jednak religia, moralność, filozofia, nauki polityczne i prawo, nieustannie przetrwały tę zmianę"

"There are also eternal truths, such as Freedom, Justice, etc"

"Istnieją również wieczne prawdy, takie jak Wolność, Sprawiedliwość itp."

"these eternal truths are common to all states of society"

"Te wieczne prawdy są wspólne dla wszystkich stanów społecznych"

"But Communism abolishes eternal truths, it abolishes all religion, and all morality"

"Ale komunizm znosi wieczne prawdy, znosi wszelką religię i wszelką moralność"

"it does this instead of constituting them on a new basis"

"Robi to, zamiast tworzyć je na nowych podstawach"

"it therefore acts in contradiction to all past historical experience"

"Działa zatem w sprzeczności z całym przeszłym doświadczeniem historycznym"

What does this accusation reduce itself to?

Do czego sprowadza się to oskarżenie?

The history of all past society has consisted in the development of class antagonisms

Historia całego minionego społeczeństwa polegała na rozwoju przeciwieństw klasowych

antagonisms that assumed different forms at different epochs

antagonizmy, które przybierały różne formy w różnych epokach

But whatever form they may have taken, one fact is common to all past ages

Bez względu jednak na to, jaką formę przybrały, jeden fakt jest wspólny dla wszystkich minionych wieków

the exploitation of one part of society by the other

wyzysk jednej części społeczeństwa przez drugą

No wonder, then, that the social consciousness of past ages moves within certain common forms, or general ideas

Nic więc dziwnego, że świadomość społeczna minionych wieków porusza się w obrębie pewnych pospolitych form lub ogólnych idei

(and that is despite all the multiplicity and variety it displays)

(i to pomimo całej mnogości i różnorodności, jaką prezentuje)

and these cannot completely vanish except with the total disappearance of class antagonisms

A te nie mogą zniknąć zupełnie, chyba że wraz z całkowitym zanikiem przeciwieństw klasowych

The Communist revolution is the most radical rupture with traditional property relations

Rewolucja komunistyczna jest najbardziej radykalnym zerwaniem z tradycyjnymi stosunkami własności

no wonder that its development involves the most radical rupture with traditional ideas

Nic dziwnego, że jego rozwój wiąże się z najbardziej radykalnym zerwaniem z tradycyjnymi ideami

But let us have done with the Bourgeoisie objections to Communism

Ale skończmy z burżuazyjnymi zarzutami wobec komunizmu

We have seen above the first step in the revolution by the working class

Widzieliśmy powyżej pierwszy krok w rewolucji klasy robotniczej

proletariat has to be raised to the position of ruling, to win the battle of democracy

Proletariat musi zostać podniesiony do pozycji panującej, aby wygrać bitwę o demokrację

The proletariat will use its political supremacy to wrest, by degrees, all capital from the Bourgeoisie

Proletariat wykorzysta swoją polityczną supremację, aby stopniowo wyrwać burżuazji cały kapitał

it will centralise all instruments of production in the hands of the State

scentralizuje wszystkie instrumenty produkcji w rękach państwa

in other words, the proletariat organised as the ruling class

Innymi słowy, proletariat zorganizował się jako klasa panująca

and it will increase the total of productive forces as rapidly as possible

i zwiększy sumę sił wytwórczych tak szybko, jak to możliwe
**Of course, in the beginning, this cannot be effected except
by means of despotic inroads on the rights of property**
Oczywiście, na początku nie można tego dokonać inaczej, jak
tylko za pomocą despotycznych ingerencji w prawa własności
**and it has to be achieved on the conditions of Bourgeoisie
production**
i musi być osiągnięta na warunkach burżuazyjnej produkcji
**it is achieved by means of measures, therefore, which appear
economically insufficient and untenable**
Osiąga się to zatem za pomocą środków, które z
ekonomicznego punktu widzenia wydają się niewystarczające
i niemożliwe do utrzymania
**but these means, in the course of the movement, outstrip
themselves**
Ale te środki, w trakcie ruchu, wyprzedzają same siebie
they necessitate further inroads upon the old social order
Wymuszają one dalsze ingerencje w stary porządek społeczny
**and they are unavoidable as a means of entirely
revolutionising the mode of production**
i są nieuniknione jako środek do całkowitego
zrewolucjonizowania sposobu produkcji
**These measures will of course be different in different
countries**
Środki te będą oczywiście różne w różnych krajach
**Nevertheless in the most advanced countries, the following
will be pretty generally applicable**
Niemniej jednak w najbardziej rozwiniętych krajach
następujące zasady będą miały dość ogólne zastosowanie

**1. Abolition of property in land and application of all rents
of land to public purposes.**
1. Zniesienie własności gruntów i przeznaczenie wszystkich
rent gruntowych na cele publiczne.
2. A heavy progressive or graduated income tax.
2. Wysoki progresywny lub progresywny podatek
dochodowy.

3. Abolition of all right of inheritance.

3. Zniesienie wszelkich praw dziedziczenia.

4. Confiscation of the property of all emigrants and rebels.

4. Konfiskata majątku wszystkich emigrantów i buntowników.

5. Centralisation of credit in the hands of the State, by means of a national bank with State capital and an exclusive monopoly.

5. Centralizacja kredytu w rękach państwa za pomocą banku narodowego z kapitałem państwowym i wyłącznym monopolem.

6. Centralisation of the means of communication and transport in the hands of the State.

6. Centralizacja środków komunikacji i transportu w rękach państwa.

7. Extension of factories and instruments of production owned by the State

7. Rozbudowa fabryk i urządzeń produkcji będących własnością państwa

the bringing into cultivation of waste-lands, and the improvement of the soil generally in accordance with a common plan.

zagospodarowanie nieużytków i poprawa stanu gleby na ogół zgodnie ze wspólnym planem.

8. Equal liability of all to labour

8. Równa odpowiedzialność wszystkich wobec pracy

Establishment of industrial armies, especially for agriculture.

Tworzenie armii przemysłowych, zwłaszcza dla rolnictwa.

9. Combination of agriculture with manufacturing industries

9. Połączenie rolnictwa z przemysłem wytwórczym

gradual abolition of the distinction between town and country, by a more equable distribution of the population over the country.

stopniowe zniesienie różnicy między miastem a wsią przez bardziej równomierne rozmieszczenie ludności na wsi.

10. Free education for all children in public schools.

10. Bezpłatna edukacja dla wszystkich dzieci w szkołach publicznych.
Abolition of children's factory labour in its present form
Zniesienie pracy dzieci w fabrykach w obecnej formie
Combination of education with industrial production
Połączenie edukacji z produkcją przemysłową

When, in the course of development, class distinctions have disappeared
Kiedy w toku rozwoju zniknęły różnice klasowe
and when all production has been concentrated in the hands of a vast association of the whole nation
i kiedy cała produkcja została skoncentrowana w rękach ogromnego stowarzyszenia całego narodu
then the public power will lose its political character
Wtedy władza publiczna straci swój polityczny charakter
Political power, properly so called, is merely the organised power of one class for oppressing another
Władza polityczna, w ścisłym tego słowa znaczeniu, jest tylko zorganizowaną władzą jednej klasy w celu uciskania drugiej
If the proletariat during its contest with the Bourgeoisie is compelled, by the force of circumstances, to organise itself as a class
Jeżeli proletariat w czasie walki z burżuazją zmuszony jest siłą okoliczności do zorganizowania się jako klasa
if, by means of a revolution, it makes itself the ruling class
jeśli za pomocą rewolucji uczyni z siebie klasę panującą
and, as such, it sweeps away by force the old conditions of production
i jako taka siłą zmiata stare warunki produkcji
then it will, along with these conditions, have swept away the conditions for the existence of class antagonisms and of classes generally
Wtedy wraz z tymi warunkami zmiecie ona warunki istnienia przeciwieństw klasowych i klas w ogóle
and will thereby have abolished its own supremacy as a

class.
i w ten sposób zniesie swoją własną supremację jako klasa.
In place of the old Bourgeoisie society, with its classes and class antagonisms, we shall have an association
W miejsce starego społeczeństwa burżuazyjnego, z jego klasami i przeciwieństwami klasowymi, będziemy mieli stowarzyszenie
an association in which the free development of each is the condition for the free development of all
stowarzyszenie, w którym swobodny rozwój każdego jest warunkiem swobodnego rozwoju wszystkich

Reactionary Socialism
Reakcyjny socjalizm

a) Feudal Socialism
a) Socjalizm feudalny

the aristocracies of France and England had a unique historical position
arystokracja Francji i Anglii miała wyjątkową pozycję historyczną
it became their vocation to write pamphlets against modern Bourgeoisie society
Ich powołaniem stało się pisanie pamfletów przeciwko nowoczesnemu społeczeństwu burżuazyjnemu
In the French revolution of July 1830, and in the English reform agitation
W rewolucji francuskiej lipca 1830 r. i w angielskiej agitacji reformatorskiej
these aristocracies again succumbed to the hateful upstart
Arystokracje te ponownie uległy znienawidzonemu parweniuszowi
Thenceforth, a serious political contest was altogether out of the question
Odtąd poważna walka polityczna nie wchodziła w rachubę
All that remained possible was literary battle, not an actual battle
Jedyne, co pozostało możliwe, to bitwa literacka, a nie prawdziwa bitwa
But even in the domain of literature the old cries of the restoration period had become impossible
Ale nawet w dziedzinie literatury dawne krzyki z okresu restauracji stały się niemożliwe
In order to arouse sympathy, the aristocracy were obliged to lose sight, apparently, of their own interests
Aby wzbudzić sympatię, arystokracja musiała stracić z oczu własne interesy
and they were obliged to formulate their indictment against

the Bourgeoisie in the interest of the exploited working class
i byli zmuszeni sformułować swój akt oskarżenia przeciwko
burżuazji w interesie wyzyskiwanej klasy robotniczej
Thus the aristocracy took their revenge by singing lampoons
on their new master
W ten sposób arystokracja zemściła się, śpiewając paszkwile
na swojego nowego pana
and they took their revenge by whispering in his ears
sinister prophecies of coming catastrophe
i zemścili się, szepcząc mu do uszu złowrogie proroctwa o
nadchodzącej katastrofie
In this way arose Feudal Socialism: half lamentation, half
lampoon
W ten sposób powstał socjalizm feudalny: na poły lament, na
poły paszkwil
it rung as half echo of the past, and projected half menace of
the future
Rozbrzmiewało jak na wpół echo przeszłości, a na wpół
widmo przyszłości
at times, by its bitter, witty and incisive criticism, it struck
the Bourgeoisie to the very heart's core
niekiedy swoją gorzką, dowcipną i przenikliwą krytyką
uderzała burżuazję do głębi
but it was always ludicrous in its effect, through total
incapacity to comprehend the march of modern history
ale zawsze było to śmieszne w skutkach, przez całkowitą
niezdolność do zrozumienia marszu nowożytnej historii
The aristocracy, in order to rally the people to them, waved
the proletarian alms-bag in front for a banner
Arystokracja, aby zjednoczyć lud wokół siebie, wymachiwała
proletariacką torbą jałmużny przed sobą po sztandar
But the people, so often as it joined them, saw on their
hindquarters the old feudal coats of arms
Lud zaś, ilekroć się do nich przyłączał, widział na tylnych
stronach stare feudalne herby
and they deserted with loud and irreverent laughter

i odeszli z głośnym i lekceważącym śmiechem
One section of the French Legitimists and "Young England" exhibited this spectacle
Jedna z sekcji francuskich legitymistów i "Młodej Anglii" wystawiła ten spektakl
the feudalists pointed out that their mode of exploitation was different to that of the Bourgeoisie
feudałowie wskazywali, że ich sposób wyzysku jest inny niż burżuazji
the feudalists forget that they exploited under circumstances and conditions that were quite different
Feudałowie zapominają, że wyzyskiwali w zupełnie innych okolicznościach i warunkach
and they didn't notice such methods of exploitation are now antiquated
I nie zauważyli, że takie metody wyzysku są już przestarzałe
they showed that, under their rule, the modern proletariat never existed
Pokazali, że pod ich rządami nowoczesny proletariat nigdy nie istniał
but they forget that the modern Bourgeoisie is the necessary offspring of their own form of society
Zapominają jednak, że współczesna burżuazja jest koniecznym potomstwem ich własnej formy społeczeństwa
For the rest, they hardly conceal the reactionary character of their criticism
Co do reszty, z trudem ukrywają reakcyjny charakter swojej krytyki
their chief accusation against the Bourgeoisie amounts to the following
Ich główny zarzut wobec burżuazji sprowadza się do tego, co następuje
under the Bourgeoisie regime a social class is being developed
w ustroju burżuazyjnym rozwija się klasa społeczna
this social class is destined to cut up root and branch the old

order of society

Przeznaczeniem tej klasy społecznej jest zapuszczenie korzeni
i rozgałęzienie starego porządku społecznego

**What they upbraid the Bourgeoisie with is not so much that
it creates a proletariat**

To, co ganią burżuazję, to nie tyle to, że tworzy ona proletariat

**what they upbraid the Bourgeoisie with is moreso that it
creates a revolutionary proletariat**

to, co ganią burżuazję, to tym bardziej, że tworzy ona
rewolucyjny proletariat

**In political practice, therefore, they join in all coercive
measures against the working class**

Dlatego w praktyce politycznej przyłączają się oni do
wszelkich środków przymusu przeciwko klasie robotniczej

**and in ordinary life, despite their highfalutin phrases, they
stoop to pick up the golden apples dropped from the tree of
industry**

A w zwykłym życiu, pomimo swoich górnolotnych frazesów,
pochylają się, by podnieść złote jabłka upuszczone z drzewa
przemysłu

**and they barter truth, love, and honour for commerce in
wool, beetroot-sugar, and potato spirits**

Wymieniają też prawdę, miłość i honor na handel wełną,
cukrem buraczanym i spirytusem ziemniaczanym

**As the parson has ever gone hand in hand with the landlord,
so has Clerical Socialism with Feudal Socialism**

Tak jak proboszcz zawsze szedł ręka w rękę z właścicielem
ziemskim, tak socjalizm klerykalny z socjalizmem feudalnym

**Nothing is easier than to give Christian asceticism a Socialist
tinge**

Nie ma nic prostszego niż nadać chrześcijańskiej ascezie
socjalistyczne zabarwienie

**Has not Christianity declaimed against private property,
against marriage, against the State?**

Czyż chrześcijaństwo nie wypowiadało się przeciwko
własności prywatnej, przeciwko małżeństwu, przeciwko

państwu?

Has Christianity not preached in the place of these, charity and poverty?

Czyż chrześcijaństwo nie nauczało w ich miejsce miłości bliźniego i ubóstwa?

Does Christianity not preach celibacy and mortification of the flesh, monastic life and Mother Church?

Czyż chrześcijaństwo nie głosi celibatu i umartwienia ciała, życia monastycznego i Matki Kościoła?

Christian Socialism is but the holy water with which the priest consecrates the heart-burnings of the aristocrat

Chrześcijański socjalizm jest tylko wodą święconą, którą ksiądz uświęca palące serce arystokraty

b) Petty-Bourgeois Socialism
b) Socjalizm drobnomieszczański

The feudal aristocracy was not the only class that was ruined by the Bourgeoisie
Arystokracja feudalna nie była jedyną klasą, która została zrujnowana przez burżuazję

it was not the only class whose conditions of existence pined and perished in the atmosphere of modern Bourgeoisie society
Nie była to jedyna klasa, której warunki egzystencji tęskniły i ginęły w atmosferze nowoczesnego społeczeństwa burżuazyjnego

The medieval burgesses and the small peasant proprietors were the precursors of the modern Bourgeoisie
Średniowieczne mieszczaństwo i drobni chłopi byli prekursorami nowożytnego mieszczaństwa

In those countries which are but little developed, industrially and commercially, these two classes still vegetate side by side
W krajach słabo rozwiniętych pod względem przemysłowym i handlowym te dwie klasy wegetują jeszcze obok siebie

and in the meantime the Bourgeoisie rise up next to them: industrially, commercially, and politically
a tymczasem obok nich powstaje burżuazja: przemysłowo, handlowo i politycznie

In countries where modern civilisation has become fully developed, a new class of petty Bourgeoisie has been formed
W krajach, w których cywilizacja nowożytna stała się w pełni rozwinięta, ukształtowała się nowa klasa drobnomieszczaństwa

this new social class fluctuates between proletariat and Bourgeoisie
ta nowa klasa społeczna oscyluje między proletariatem a burżuazją

and it is ever renewing itself as a supplementary part of Bourgeoisie society

i wciąż się odnawia jako uzupełniająca część społeczeństwa
burżuazyjnego

**The individual members of this class, however, are being
constantly hurled down into the proletariat**

Poszczególni członkowie tej klasy są jednak nieustannie
spychani w proletariat

**they are sucked up by the proletariat through the action of
competition**

Są one zasysane przez proletariat poprzez działanie
konkurencji

**as modern industry develops they even see the moment
approaching when they will completely disappear as an
independent section of modern society**

Wraz z rozwojem nowoczesnego przemysłu widzą nawet
zbliżający się moment, w którym całkowicie znikną jako
niezależna część nowoczesnego społeczeństwa

**they will be replaced, in manufactures, agriculture and
commerce, by overlookers, bailiffs and shopmen**

W manufakturach, rolnictwie i handlu zastąpią ich dozorcy,
komornicy i sklepikarze

**In countries like France, where the peasants constitute far
more than half of the population**

W krajach takich jak Francja, gdzie chłopi stanowią znacznie
więcej niż połowę ludności

**it was natural that there there are writers who sided with the
proletariat against the Bourgeoisie**

było rzeczą naturalną, że znaleźli się pisarze, którzy stanęli po
stronie proletariatu przeciwko burżuazji

**in their criticism of the Bourgeoisie regime they used the
standard of the peasant and petty Bourgeoisie**

w krytyce ustroju burżuazyjnego posługiwali się sztandarem
chłopskim i drobnomieszczaństwa

**and from the standpoint of these intermediate classes they
take up the cudgels for the working class**

Z punktu widzenia tych klas pośrednich przejmują pałki dla
klasy robotniczej

Thus arose petty-Bourgeoisie Socialism, of which Sismondi was the head of this school, not only in France but also in England

W ten sposób powstał socjalizm drobnomieszczański, którego Sismondi był szefem tej szkoły, nie tylko we Francji, ale i w Anglii

This school of Socialism dissected with great acuteness the contradictions in the conditions of modern production

Ta szkoła socjalizmu z wielką wnikliwością analizowała sprzeczności w warunkach nowoczesnej produkcji

This school laid bare the hypocritical apologies of economists

Szkoła ta obnażyła obłudne przeprosiny ekonomistów

This school proved, incontrovertibly, the disastrous effects of machinery and division of labour

Szkoła ta dowiodła niezaprzeczalnie zgubnych skutków maszyn i podziału pracy

it proved the concentration of capital and land in a few hands

Dowodziło to koncentracji kapitału i ziemi w rękach nielicznych

it proved how overproduction leads to Bourgeoisie crises

dowiodła, jak nadprodukcja prowadzi do kryzysów burżuazji

it pointed out the inevitable ruin of the petty Bourgeoisie and peasant

wskazywał na nieuchronną ruinę drobnomieszczaństwa i chłopstwa

the misery of the proletariat, the anarchy in production, the crying inequalities in the distribution of wealth

nędza proletariatu, anarchia w produkcji, rażące nierówności w podziale bogactwa

it showed how the system of production leads the industrial war of extermination between nations

Pokazała, w jaki sposób system produkcji prowadzi przemysłową wojnę eksterminacyjną między narodami

the dissolution of old moral bonds, of the old family

relations, of the old nationalities

Rozpad starych więzów moralnych, starych stosunków rodzinnych, starych narodowości

In its positive aims, however, this form of Socialism aspires to achieve one of two things

Jednak w swoich pozytywnych celach ta forma socjalizmu dąży do osiągnięcia jednej z dwóch rzeczy

either it aims to restore the old means of production and of exchange

albo ma na celu przywrócenie starych środków produkcji i wymiany

and with the old means of production it would restore the old property relations, and the old society

A przy starych środkach produkcji przywróciłoby dawne stosunki własności i stare społeczeństwo

or it aims to cramp the modern means of production and exchange into the old framework of the property relations

albo też dąży do włoczenia nowoczesnych środków produkcji i wymiany w stare ramy stosunków własności

In either case, it is both reactionary and Utopian

W obu przypadkach jest ona zarówno reakcyjna, jak i utopijna

Its last words are: corporate guilds for manufacture, patriarchal relations in agriculture

Jego ostatnie słowa brzmią: korporacyjne cechy manufakturowe, patriarchalne stosunki w rolnictwie

Ultimately, when stubborn historical facts had dispersed all intoxicating effects of self-deception

Ostatecznie, gdy uparte fakty historyczne rozproszyły wszystkie odurzające skutki samooszukiwania się

this form of Socialism ended in a miserable fit of pity

ta forma socjalizmu zakończyła się żałosnym napadem litości

c) German, or "True," Socialism
c) Socjalizm niemiecki lub "prawdziwy"

The Socialist and Communist literature of France originated under the pressure of a Bourgeoisie in power
Literatura socjalistyczna i komunistyczna Francji powstała pod naciskiem burżuazji u władzy
and this literature was the expression of the struggle against this power
I ta literatura była wyrazem walki z tą potęgą
it was introduced into Germany at a time when the Bourgeoisie had just begun its contest with feudal absolutism
Została ona wprowadzona do Niemiec w czasie, gdy burżuazja dopiero zaczynała walkę z feudalnym absolutyzmem
German philosophers, would-be philosophers, and beaux esprits, eagerly seized on this literature
Niemieccy filozofowie, niedoszli filozofowie i beaux esprits skwapliwie sięgali po tę literaturę
but they forgot that the writings immigrated from France into Germany without bringing the French social conditions along
Zapomnieli jednak, że pisma te wyemigrowały z Francji do Niemiec, nie przynosząc ze sobą francuskich warunków społecznych
In contact with German social conditions, this French literature lost all its immediate practical significance
W zetknięciu z niemieckimi warunkami społecznymi literatura francuska utraciła całe swoje bezpośrednie znaczenie praktyczne
and the Communist literature of France assumed a purely literary aspect in German academic circles
a literatura komunistyczna Francji nabrała w niemieckich kręgach akademickich aspektu czysto literackiego
Thus, the demands of the first French Revolution were nothing more than the demands of "Practical Reason"

Tak więc żądania pierwszej Rewolucji Francuskiej nie były
niczym więcej niż żądaniami "Rozumu Praktycznego"
**and the utterance of the will of the revolutionary French
Bourgeoisie signified in their eyes the law of pure Will**
a wypowiedzenie woli rewolucyjnej burżuazji francuskiej
oznaczało w ich oczach prawo czystej woli
**it signified Will as it was bound to be; of true human Will
generally**
oznaczało to wolę taką, jaka być musiała być; prawdziwej
ludzkiej woli na ogół
**The world of the German literati consisted solely in
bringing the new French ideas into harmony with their
ancient philosophical conscience**
Świat niemieckich literatów polegał wyłącznie na
doprowadzeniu nowych francuskich idei do harmonii z ich
starożytnym sumieniem filozoficznym
**or rather, they annexed the French ideas without deserting
their own philosophic point of view**
a raczej zaanektowali francuskie idee, nie porzucając własnego
filozoficznego punktu widzenia
**This annexation took place in the same way in which a
foreign language is appropriated, namely, by translation**
Aneksja ta odbyła się w taki sam sposób, w jaki przywłaszcza
się język obcy, a mianowicie przez tłumaczenie
**It is well known how the monks wrote silly lives of Catholic
Saints over manuscripts**
Powszechnie wiadomo, jak mnisi pisali głupie żywoty
katolickich świętych na rękopisach
**the manuscripts on which the classical works of ancient
heathendom had been written**
manuskrypty, na których napisano klasyczne dzieła
starożytnego pogaństwa
**The German literati reversed this process with the profane
French literature**
Niemieccy literaci odwrócili ten proces za pomocą świeckiej
literatury francuskiej

They wrote their philosophical nonsense beneath the French original

Swoje filozoficzne bzdury pisali pod francuskim oryginałem

For instance, beneath the French criticism of the economic functions of money, they wrote "Alienation of Humanity"

Na przykład, pod francuską krytyką ekonomicznych funkcji pieniądza, napisali "Alienację ludzkości"

beneath the French criticism of the Bourgeoisie State they wrote "dethronement of the Category of the General"

Pod francuską krytyką państwa burżuazyjnego pisali "detronizację kategorii generała"

The introduction of these philosophical phrases at the back of the French historical criticisms they dubbed:

Wprowadzenie tych filozoficznych zwrotów na tyłach francuskiej krytyki historycznej nazwali następująco:

"Philosophy of Action," "True Socialism," "German Science of Socialism," "Philosophical Foundation of Socialism," and so on

"Filozofia działania", "Prawdziwy socjalizm", "Niemiecka nauka o socjalizmie", "Filozoficzne podstawy socjalizmu" i tak dalej

The French Socialist and Communist literature was thus completely emasculated

Francuska literatura socjalistyczna i komunistyczna została w ten sposób całkowicie wykastrowana

in the hands of the German philosophers it ceased to express the struggle of one class with the other

w rękach filozofów niemieckich przestała wyrażać walkę jednej klasy z drugą

and so the German philosophers felt conscious of having overcome "French one-sidedness"

W ten sposób niemieccy filozofowie mieli świadomość, że przezwyciężyli "francuską jednostronność"

it did not have to represent true requirements, rather, it represented requirements of truth

Nie musiała ona reprezentować prawdziwych wymagań, ale

raczej przedstawiała wymagania prawdy

there was no interest in the proletariat, rather, there was interest in Human Nature

Nie interesował się proletariatem, interesowała go raczej natura ludzka

the interest was in Man in general, who belongs to no class, and has no reality

interesował się człowiekiem w ogóle, który nie należy do żadnej klasy i nie ma rzeczywistości

a man who exists only in the misty realm of philosophical fantasy

Człowiek, który istnieje tylko w mglistej krainie filozoficznej fantazji

but eventually this schoolboy German Socialism also lost its pedantic innocence

ale w końcu ten uczeń niemieckiego socjalizmu również stracił swoją pedantyczną niewinność

the German Bourgeoisie, and especially the Prussian Bourgeoisie fought against feudal aristocracy

burżuazja niemiecka, a zwłaszcza burżuazja pruska walczyła z feudalną arystokracją

the absolute monarchy of Germany and Prussia was also being faught against

Walka toczyła się również z monarchią absolutną Niemiec i Prus

and in turn, the literature of the liberal movement also became more earnest

Z kolei literatura ruchu liberalnego stała się bardziej poważna

Germany's long wished-for opportunity for "true" Socialism was offered

Zaoferowano Niemcom długo upragnioną szansę na "prawdziwy" socjalizm

the opportunity of confronting the political movement with the Socialist demands

możliwość skonfrontowania ruchu politycznego z żądaniami socjalistycznymi

the opportunity of hurling the traditional anathemas against
liberalism

Okazja do rzucenia tradycyjnych klątw na liberalizm

the opportunity to attack representative government and
Bourgeoisie competition

okazja do zaatakowania rządu przedstawicielskiego i
burżuazyjnej konkurencji

Bourgeoisie freedom of the press, Bourgeoisie legislation,
Bourgeoisie liberty and equality

Burżuazyjna wolność prasy, burżuazyjne ustawodawstwo,
burżuazyjna wolność i równość

all of these could now be critiqued in the real world, rather
than in fantasy

Wszystko to można by teraz krytykować w świecie
rzeczywistym, a nie w fantazji

feudal aristocracy and absolute monarchy had long preached
to the masses

Feudalna arystokracja i monarchia absolutna od dawna głosiły
kazania masom

"the working man has nothing to lose, and he has everything
to gain"

"Człowiek pracy nie ma nic do stracenia, a ma wszystko do
zyskania"

the Bourgeoisie movement also offered a chance to confront
these platitudes

Ruch burżuazyjny również dawał szansę skonfrontowania się
z tymi frazesami

the French criticism presupposed the existence of modern
Bourgeoisie society

krytyka francuska zakładała istnienie nowoczesnego
społeczeństwa burżuazyjnego

Bourgeoisie economic conditions of existence and
Bourgeoisie political constitution

Burżuazyjne ekonomiczne warunki egzystencji i burżuazyjny
ustrój polityczny

the very things whose attainment was the object of the

pending struggle in Germany
te same rzeczy, których osiągnięcie było przedmiotem toczącej
się walki w Niemczech
**Germany's silly echo of socialism abandoned these goals
just in the nick of time**
Głupie echo socjalizmu w Niemczech porzuciło te cele w samą
porę
**the absolute governments had their following of parsons,
professors, country squires and officials**
Rządy absolutne miały swoich zwolenników w postaci
proboszczów, profesorów, dziedziców i urzędników
**the government of the time met the German working-class
risings with floggings and bullets**
ówczesny rząd odpowiedział na niemieckie powstania
robotnicze chłostą i kulami
**for them this socialism served as a welcome scarecrow
against the threatening Bourgeoisie**
Dla nich socjalizm ten był mile widzianym strachem na
wróble przed groźną burżuazją
**and the German government was able to offer a sweet
dessert after the bitter pills it handed out**
a rząd niemiecki był w stanie zaoferować słodki deser po
gorzkich pigułkach, które rozdał
**this "True" Socialism thus served the governments as a
weapon for fighting the German Bourgeoisie**
ten "prawdziwy" socjalizm służył więc rządom jako oręż w
walce z burżuazją niemiecką
**and, at the same time, it directly represented a reactionary
interest; that of the German Philistines**
a jednocześnie bezpośrednio reprezentował interes reakcyjny;
Filistyni germańscy
**In Germany the petty Bourgeoisie class is the real social
basis of the existing state of things**
W Niemczech drobnomieszczaństwo jest rzeczywistą
społeczną podstawą istniejącego stanu rzeczy
a relique of the sixteenth century that has constantly been

cropping up under various forms
relikt XVI wieku, który nieustannie pojawia się pod różnymi formami
To preserve this class is to preserve the existing state of things in Germany
Zachowanie tej klasy jest równoznaczne z zachowaniem istniejącego stanu rzeczy w Niemczech
The industrial and political supremacy of the Bourgeoisie threatens the petty Bourgeoisie with certain destruction
Przemysłowa i polityczna supremacja burżuazji grozi drobnomieszczaństwu pewną zagładą
on the one hand, it threatens to destroy the petty Bourgeoisie through the concentration of capital
z jednej strony grozi zniszczeniem drobnomieszczaństwa poprzez koncentrację kapitału
on the other hand, the Bourgeoisie threatens to destroy it through the rise of a revolutionary proletariat
z drugiej strony, burżuazja grozi jej zniszczeniem przez powstanie rewolucyjnego proletariatu
"True" Socialism appeared to kill these two birds with one stone. It spread like an epidemic
"Prawdziwy" socjalizm zdawał się upiec te dwie pieczenie na jednym ogniu. Rozprzestrzeniał się jak epidemia
The robe of speculative cobwebs, embroidered with flowers of rhetoric, steeped in the dew of sickly sentiment
Szata ze spekulatywnych pajęczyn, wyszywana kwiatami retoryki, przesiąknięta rosą chorobliwego sentymentu
this transcendental robe in which the German Socialists wrapped their sorry "eternal truths"
ta transcendentalna szata, w którą niemieccy socjaliści owinęli swoje żałosne "wieczne prawdy"
all skin and bone, served to wonderfully increase the sale of their goods amongst such a public
Cała skóra i kości, przyczyniły się do cudownego zwiększenia sprzedaży ich towarów wśród takiej publiczności
And on its part, German Socialism recognised, more and

more, its own calling

Ze swej strony socjalizm niemiecki coraz bardziej uznawał swoje powołanie

it was called to be the bombastic representative of the petty-Bourgeoisie Philistine

Nazywano go bombastycznym przedstawicielem drobnomieszczańskiego filistra

It proclaimed the German nation to be the model nation, and German petty Philistine the model man

Głosiła, że naród niemiecki jest narodem wzorcowym, a niemiecki drobny filister wzorem człowieka

To every villainous meanness of this model man it gave a hidden, higher, Socialistic interpretation

Każdej nikczemnej podłości tego wzorowego człowieka dawało to ukrytą, wyższą, socjalistyczną interpretację

this higher, Socialistic interpretation was the exact contrary of its real character

ta wyższa, socjalistyczna interpretacja była dokładnym przeciwieństwem jej rzeczywistego charakteru

It went to the extreme length of directly opposing the "brutally destructive" tendency of Communism

Posunął się do skrajności, bezpośrednio sprzeciwiając się "brutalnie destrukcyjnej" tendencji komunizmu

and it proclaimed its supreme and impartial contempt of all class struggles

i głosiła swą najwyższą i bezstronną pogardę dla wszelkich walk klasowych

With very few exceptions, all the so-called Socialist and Communist publications that now (1847) circulate in Germany belong to the domain of this foul and enervating literature

Z bardzo nielicznymi wyjątkami, wszystkie tak zwane socjalistyczne i komunistyczne publikacje, które obecnie (1847) krążą w Niemczech, należą do domeny tej plugawej i wyniszczającej literatury

Conservative Socialism, or Bourgeoisie Socialism
Socjalizm konserwatywny lub socjalizm burżuazyjny

A part of the Bourgeoisie is desirous of redressing social grievances
Część burżuazji pragnie zadośćuczynić krzywdom społecznym

in order to secure the continued existence of Bourgeoisie society
w celu zapewnienia dalszego istnienia społeczeństwa burżuazyjnego

To this section belong economists, philanthropists, humanitarians
Do tej sekcji należą ekonomiści, filantropi, działacze humanitarni

improvers of the condition of the working class and organisers of charity
polepszający sytuację klasy robotniczej i organizatorzy dobroczynności

members of societies for the prevention of cruelty to animals
członkowie stowarzyszeń na rzecz zapobiegania okrucieństwu wobec zwierząt

temperance fanatics, hole-and-corner reformers of every imaginable kind
fanatycy wstrzemięźliwości, reformatorzy wszelkiego rodzaju

This form of Socialism has, moreover, been worked out into complete systems
Co więcej, ta forma socjalizmu została wypracowana w kompletne systemy

We may cite Proudhon's "Philosophie de la Misère" as an example of this form
Jako przykład tej formy możemy przytoczyć "Philosophie de la Misère" Proudhona

The Socialistic Bourgeoisie want all the advantages of modern social conditions
Burżuazja socjalistyczna chce wszystkich dobrodziejstw nowoczesnych stosunków społecznych

but the Socialistic Bourgeoisie don't necessarily want the resulting struggles and dangers

ale socjalistyczna burżuazja niekoniecznie chce wynikających z tego walk i niebezpieczeństw

They desire the existing state of society, minus its revolutionary and disintegrating elements

Pragną istniejącego stanu społeczeństwa, bez jego rewolucyjnych i rozpadających się elementów

in other words, they wish for a Bourgeoisie without a proletariat

innymi słowy, pragną burżuazji bez proletariatu

The Bourgeoisie naturally conceives the world in which it is supreme to be the best

Burżuazja w naturalny sposób pojmuje świat, w którym najwyższą rzeczą jest być najlepszą

and Bourgeoisie Socialism develops this comfortable conception into various more or less complete systems

Socjalizm burżuazyjny rozwija tę wygodną koncepcję w różne mniej lub bardziej kompletne systemy

they would very much like the proletariat to march straightway into the social New Jerusalem

bardzo chcieliby, aby proletariat wkroczył prosto do społecznego Nowego Jeruzalem

but in reality it requires the proletariat to remain within the bounds of existing society

W rzeczywistości jednak wymaga ona od proletariatu pozostawania w granicach istniejącego społeczeństwa

they ask the proletariat to cast away all their hateful ideas concerning the Bourgeoisie

żądają od proletariatu, aby odrzucił wszystkie swoje nienawistne idee dotyczące burżuazji

there is a second more practical, but less systematic, form of this Socialism

istnieje druga, bardziej praktyczna, ale mniej systematyczna forma tego socjalizmu

this form of socialism sought to depreciate every

revolutionary movement in the eyes of the working class
Ta forma socjalizmu dążyła do zdeprecjonowania każdego
ruchu rewolucyjnego w oczach klasy robotniczej
they argue no mere political reform could be of any
advantage to them
Twierdzą oni, że żadna zwykła reforma polityczna nie może
być dla nich korzystna
only a change in the material conditions of existence in
economic relations are of benefit
Tylko zmiana materialnych warunków egzystencji w
stosunkach ekonomicznych jest korzystna
like communism, this form of socialism advocates for a
change in the material conditions of existence
Podobnie jak komunizm, ta forma socjalizmu opowiada się za
zmianą materialnych warunków egzystencji
however, this form of socialism by no means suggests the
abolition of the Bourgeoisie relations of production
Ta forma socjalizmu nie oznacza jednak bynajmniej zniesienia
burżuazyjnych stosunków produkcji
the abolition of the Bourgeoisie relations of production can
only be achieved through a revolution
zniesienie burżuazyjnych stosunków produkcji może być
osiągnięte tylko przez rewolucję
but instead of a revolution, this form of socialism suggests
administrative reforms
Ale zamiast rewolucji, ta forma socjalizmu sugeruje reformy
administracyjne
and these administrative reforms would be based on the
continued existence of these relations
A te reformy administracyjne opierałyby się na dalszym
istnieniu tych stosunków
reforms, therefore, that in no respect affect the relations
between capital and labour
reformy, które w żaden sposób nie wpływają na stosunki
między kapitałem a pracą,
at best, such reforms lessen the cost and simplify the

administrative work of Bourgeoisie government
w najlepszym razie takie reformy zmniejszają koszty i
upraszczają pracę administracyjną rządu burżuazyjnego
**Bourgeois Socialism attains adequate expression, when, and
only when, it becomes a mere figure of speech**
Socjalizm burżuazyjny osiąga adekwatny wyraz wtedy i tylko
wtedy, gdy staje się zwykłą figurą retoryczną
Free trade: for the benefit of the working class
Wolny handel: z korzyścią dla klasy robotniczej
Protective duties: for the benefit of the working class
Obowiązki ochronne: na rzecz klasy robotniczej
Prison Reform: for the benefit of the working class
Reforma więziennictwa: z korzyścią dla klasy robotniczej
**This is the last word and the only seriously meant word of
Bourgeoisie Socialism**
Jest to ostatnie słowo i jedyne poważnie rozumiane słowo
burżuazyjnego socjalizmu
**It is summed up in the phrase: the Bourgeoisie is a
Bourgeoisie for the benefit of the working class**
Streszcza się to w zdaniu: burżuazja jest burżuazją dla dobra
klasy robotniczej

Critical-Utopian Socialism and Communism
Socjalizm krytyczno-utopijny i komunizm

We do not here refer to that literature which has always given voice to the demands of the proletariat
Nie odwołujemy się tu do tej literatury, która zawsze wyrażała żądania proletariatu

this has been present in every great modern revolution, such as the writings of Babeuf and others
było to obecne w każdej wielkiej rewolucji nowożytnej, takiej jak pisma Babeufa i innych

The first direct attempts of the proletariat to attain its own ends necessarily failed
Pierwsze bezpośrednie próby proletariatu osiągnięcia własnych celów z konieczności zakończyły się niepowodzeniem

these attempts were made in times of universal excitement, when feudal society was being overthrown
Próby te podejmowano w czasach powszechnego podniecenia, kiedy obalano społeczeństwo feudalne

the then undeveloped state of the proletariat led to those attempts failing
Nierozwinięty wówczas stan proletariatu doprowadził do niepowodzenia tych prób

and they failed due to the absence of the economic conditions for its emancipation
i nie powiodły się z powodu braku ekonomicznych warunków do jego emancypacji

conditions that had yet to be produced, and could be produced by the impending Bourgeoisie epoch alone
warunki, które jeszcze nie zostały wytworzone, a które mogły być wytworzone przez samą nadchodzącą epokę burżuazji

The revolutionary literature that accompanied these first movements of the proletariat had necessarily a reactionary character
Literatura rewolucyjna, która towarzyszyła tym pierwszym ruchom proletariatu, miała z konieczności charakter reakcyjny

This literature inculcated universal asceticism and social levelling in its crudest form

Literatura ta wpajała powszechną ascezę i społeczne wyrównywanie w jego najbardziej prymitywnej formie

The Socialist and Communist systems, properly so called, spring into existence in the early undeveloped period

Systemy socjalistyczny i komunistyczny, tak zwane, powstały we wczesnym, nierozwiniętym okresie

Saint-Simon, Fourier, Owen and others, described the struggle between proletariat and Bourgeoisie (see Section 1)

Saint-Simon, Fourier, Owen i inni, opisywali walkę między proletariatem a burżuazją (patrz rozdział 1)

The founders of these systems see, indeed, the class antagonisms

Założyciele tych systemów widzą w istocie przeciwieństwa klasowe

they also see the action of the decomposing elements, in the prevailing form of society

Widzą też działanie rozkładających się elementów w panującej formie społeczeństwa

But the proletariat, as yet in its infancy, offers to them the spectacle of a class without any historical initiative

Ale proletariat, jeszcze w powijakach, oferuje im widowisko klasy pozbawionej żadnej inicjatywy historycznej

they see the spectacle of a social class without any independent political movement

Widzą spektakl klasy społecznej bez żadnego niezależnego ruchu politycznego

the development of class antagonism keeps even pace with the development of industry

Rozwój przeciwieństw klasowych dotrzymuje kroku rozwojowi przemysłu

so the economic situation does not as yet offer to them the material conditions for the emancipation of the proletariat

Tak więc sytuacja ekonomiczna nie stwarza im jeszcze materialnych warunków do wyzwolenia proletariatu

They therefore search after a new social science, after new social laws, that are to create these conditions
Poszukują więc nowej nauki społecznej, nowych praw społecznych, które stworzą te warunki
historical action is to yield to their personal inventive action
Działanie historyczne polega na ustąpieniu miejsca ich osobistemu działaniu wynalazczemu
historically created conditions of emancipation are to yield to fantastic conditions
historycznie stworzone warunki emancypacji mają ustąpić miejsca fantastycznym warunkom
and the gradual, spontaneous class-organisation of the proletariat is to yield to the organisation of society
Stopniowa, spontaniczna organizacja klasowa proletariatu ma ustąpić miejsca organizacji społeczeństwa
the organisation of society specially contrived by these inventors
organizacja społeczeństwa specjalnie wymyślona przez tych wynalazców
Future history resolves itself, in their eyes, into the propaganda and the practical carrying out of their social plans
Przyszła historia sprowadza się w ich oczach do propagandy i praktycznej realizacji ich planów społecznych
In the formation of their plans they are conscious of caring chiefly for the interests of the working class
Tworząc swoje plany, są świadomi tego, że troszczą się przede wszystkim o interesy klasy robotniczej
Only from the point of view of being the most suffering class does the proletariat exist for them
Proletariat istnieje dla nich tylko z punktu widzenia bycia klasą najbardziej cierpiącą
The undeveloped state of the class struggle and their own surroundings inform their opinions
Nierozwinięty stan walki klasowej i ich własne otoczenie kształtują ich opinie

Socialists of this kind consider themselves far superior to all class antagonisms

Socjaliści tego rodzaju uważają się za znacznie lepszych od wszelkich przeciwieństw klasowych

They want to improve the condition of every member of society, even that of the most favoured

Chcą poprawić sytuację każdego członka społeczeństwa, nawet najbardziej uprzywilejowanego

Hence, they habitually appeal to society at large, without distinction of class

Stąd też zwykle przemawiają do ogółu społeczeństwa, bez różnicy klasowej

nay, they appeal to society at large by preference to the ruling class

Co więcej, odwołują się do ogółu społeczeństwa, preferując klasę rządzącą

to them, all it requires is for others to understand their system

Dla nich wszystko, czego potrzeba, to aby inni zrozumieli ich system

because how can people fail to see that the best possible plan is for the best possible state of society?

Bo jak ludzie mogą nie widzieć, że najlepszym możliwym planem jest jak najlepszy stan społeczeństwa?

Hence, they reject all political, and especially all revolutionary, action

Dlatego odrzucają wszelkie działania polityczne, a zwłaszcza rewolucyjne

they wish to attain their ends by peaceful means

pragną osiągnąć swoje cele środkami pokojowymi

they endeavour, by small experiments, which are necessarily doomed to failure

Usiłują to za pomocą małych eksperymentów, które z konieczności są skazane na niepowodzenie

and by the force of example they try to pave the way for the new social Gospel

i mocą przykładu starają się utorować drogę nowej Ewangelii społecznej

Such fantastic pictures of future society, painted at a time when the proletariat is still in a very undeveloped state

Takie fantastyczne obrazy przyszłego społeczeństwa, malowane w czasie, gdy proletariat znajduje się jeszcze w bardzo nierozwiniętym stanie

and it still has but a fantastical conception of its own position

i wciąż ma tylko fantastyczne pojęcie o swoim położeniu

but their first instinctive yearnings correspond with the yearnings of the proletariat

ale ich pierwsze instynktowne tęsknoty odpowiadają tęsknocie proletariatu

both yearn for a general reconstruction of society

Jedni i drudzy pragną ogólnej przebudowy społeczeństwa

But these Socialist and Communist publications also contain a critical element

Ale te socjalistyczne i komunistyczne publikacje zawierają również element krytyczny

They attack every principle of existing society

Atakują każdą zasadę istniejącego społeczeństwa

Hence they are full of the most valuable materials for the enlightenment of the working class

Stąd są one pełne najcenniejszych materiałów dla oświecenia klasy robotniczej

they propose abolition of the distinction between town and country, and the family

Proponują zniesienie rozróżnienia między miastem a wsią i rodziną

the abolition of the carrying on of industries for the account of private individuals

zniesienie prowadzenia działalności gospodarczej na rachunek osób prywatnych

and the abolition of the wage system and the proclamation of social harmony

zniesienie systemu płac i proklamowanie harmonii społecznej
the conversion of the functions of the State into a mere superintendence of production
przekształcenie funkcji państwa w zwykły nadzór nad produkcją
all these proposals, point solely to the disappearance of class antagonisms
Wszystkie te propozycje wskazują jedynie na zanik przeciwieństw klasowych
class antagonisms were, at that time, only just cropping up
Antagonizmy klasowe dopiero się wówczas pojawiały
in these publications these class antagonisms are recognised in their earliest, indistinct and undefined forms only
W publikacjach tych przeciwieństwa klasowe są rozpoznawane tylko w ich najwcześniejszych, niewyraźnych i nieokreślonych formach
These proposals, therefore, are of a purely Utopian character
Propozycje te mają więc charakter czysto utopijny
The significance of Critical-Utopian Socialism and Communism bears an inverse relation to historical development
Znaczenie krytyczno-utopijnego socjalizmu i komunizmu pozostaje w odwrotnym stosunku do rozwoju historycznego
the modern class struggle will develop and continue to take definite shape
Współczesna walka klasowa będzie się rozwijać i nadal przybierać określony kształt
this fantastic standing from the contest will lose all practical value
Ta fantastyczna pozycja z konkursu straci wszelką wartość praktyczną
these fantastic attacks on class antagonisms will lose all theoretical justification
Te fantastyczne ataki na antagonizmy klasowe stracą wszelkie teoretyczne uzasadnienie
the originators of these systems were, in many respects,

revolutionary

Pomysłodawcy tych systemów byli pod wieloma względami rewolucyjni

but their disciples have, in every case, formed mere reactionary sects

Ale ich uczniowie w każdym przypadku tworzyli jedynie reakcyjne sekty

They hold tightly to the original views of their masters

Trzymają się mocno oryginalnych poglądów swoich mistrzów

but these views are in opposition to the progressive historical development of the proletariat

Poglądy te stoją jednak w opozycji do postępującego rozwoju historycznego proletariatu

They, therefore, endeavour, and that consistently, to deaden the class struggle

Usiłują więc, i to konsekwentnie, zagłuszyć walkę klasową

and they consistently endeavour to reconcile the class antagonisms

i konsekwentnie dążą do pogodzenia przeciwieństw klasowych

They still dream of experimental realisation of their social Utopias

Wciąż marzą o eksperymentalnej realizacji swoich społecznych utopii

they still dream of founding isolated "phalansteres" and establishing "Home Colonies"

wciąż marzą o założeniu odizolowanych "falansterów" i założeniu "kolonii domowych"

they dream of setting up a "Little Icaria" — duodecimo editions of the New Jerusalem

marzą o założeniu "Małej Ikarii" – duodecimo wydań Nowego Jeruzalem

and they dream to realise all these castles in the air

i marzą o tym, by zrealizować wszystkie te zamki w powietrzu

they are compelled to appeal to the feelings and purses of

the bourgeois
Są zmuszeni odwoływać się do uczuć i portfeli burżuazji
By degrees they sink into the category of the reactionary conservative Socialists depicted above
Stopniowo pogrążają się oni w kategorii reakcyjnych konserwatywnych socjalistów przedstawionych powyżej
they differ from these only by more systematic pedantry
Różnią się od nich jedynie bardziej systematyczną pedanterią
and they differ by their fanatical and superstitious belief in the miraculous effects of their social science
Różnią się fanatyczną i zabobonną wiarą w cudowne działanie nauk społecznych
They, therefore, violently oppose all political action on the part of the working class
Dlatego gwałtownie sprzeciwiają się wszelkim działaniom politycznym ze strony klasy robotniczej
such action, according to them, can only result from blind unbelief in the new Gospel
takie działanie, według nich, może wynikać jedynie ze ślepej niewiary w nową Ewangelię
The Owenites in England, and the Fourierists in France, respectively, oppose the Chartists and the "Réformistes"
Owenici w Anglii i fourieryści we Francji przeciwstawiają się czartystom i "réformistes"

Position of the Communists in Relation to the Various Existing Opposision Parties
Stanowisko komunistów wobec różnych istniejących partii opozycyjnych

Section II has made clear the relations of the Communists to the existing working-class parties
Rozdział II jasno określił stosunek komunistów do istniejących partii robotniczych
such as the Chartists in England, and the Agrarian Reformers in America
takich jak czartyści w Anglii i reformatorzy rolni w Ameryce
The Communists fight for the attainment of the immediate aims
Komuniści walczą o osiągnięcie doraźnych celów
they fight for the enforcement of the momentary interests of the working class
Walczą o egzekwowanie chwilowych interesów klasy robotniczej
but in the political movement of the present, they also represent and take care of the future of that movement
Ale w obecnym ruchu politycznym reprezentują i troszczą się o przyszłość tego ruchu
In France the Communists ally themselves with the Social-Democrats
We Francji komuniści sprzymierzyli się z socjaldemokratami
and they position themselves against the conservative and radical Bourgeoisie
i przeciwstawiają się konserwatywnej i radykalnej burżuazji
however, they reserve the right to take up a critical position in regard to phrases and illusions traditionally handed down from the great Revolution
Zastrzegają sobie jednak prawo do zajęcia krytycznego stanowiska wobec frazesów i złudzeń tradycyjnie przekazywanych przez wielką rewolucję
In Switzerland they support the Radicals, without losing sight of the fact that this party consists of antagonistic

elements

W Szwajcarii popierają radykałów, nie tracąc z oczu faktu, że partia ta składa się z elementów antagonistycznych

partly of Democratic Socialists, in the French sense, partly of radical Bourgeoisie

częściowo demokratycznych socjalistów w sensie francuskim, częściowo radykalnej burżuazji

In Poland they support the party that insists on an agrarian revolution as the prime condition for national emancipation

W Polsce popierają partię, która upiera się przy rewolucji agrarnej jako podstawowym warunku narodowej emancypacji

that party which fomented the insurrection of Cracow in 1846

stronnictwo, które wznieciło powstanie krakowskie w 1846 r.

In Germany they fight with the Bourgeoisie whenever it acts in a revolutionary way

W Niemczech walczą z burżuazją, ilekroć działa ona w sposób rewolucyjny

against the absolute monarchy, the feudal squirearchy, and the petty Bourgeoisie

przeciwko monarchii absolutnej, feudalnej giermku i drobnomieszczaństwu

But they never cease, for a single instant, to instil into the working class one particular idea

Ale nigdy nie przestają ani na chwilę zaszczepiać w klasie robotniczej jednej szczególnej idei

the clearest possible recognition of the hostile antagonism between Bourgeoisie and proletariat

jak najwyraźniejsze uznanie wrogiego antagonizmu między burżuazją a proletariatem

so that the German workers may straightaway use the weapons at their disposal

aby robotnicy niemieccy mogli od razu użyć broni, którą dysponują,

the social and political conditions that the Bourgeoisie must necessarily introduce along with its supremacy

warunki społeczne i polityczne, które burżuazja musi
koniecznie wprowadzić wraz ze swoją supremacją
the fall of the reactionary classes in Germany is inevitable
upadek klas reakcyjnych w Niemczech jest nieunikniony
**and then the fight against the Bourgeoisie itself may
immediately begin**
i wtedy walka z samą burżuazją może się natychmiast
rozpocząć
**The Communists turn their attention chiefly to Germany,
because that country is on the eve of a Bourgeoisie
revolution**
Komuniści zwracają uwagę głównie na Niemcy, ponieważ
kraj ten znajduje się w przededniu rewolucji burżuazyjnej
**a revolution that is bound to be carried out under more
advanced conditions of European civilisation**
rewolucja, która z pewnością zostanie przeprowadzona w
bardziej zaawansowanych warunkach cywilizacji europejskiej
**and it is bound to be carried out with a much more
developed proletariat**
i musi być przeprowadzona z dużo bardziej rozwiniętym
proletariatem
**a proletariat more advanced than that of England was in the
seventeenth, and of France in the eighteenth century**
proletariat bardziej zaawansowany niż Anglia w XVII wieku,
a Francja w XVIII wieku
**and because the Bourgeoisie revolution in Germany will be
but the prelude to an immediately following proletarian
revolution**
i dlatego, że rewolucja burżuazyjna w Niemczech będzie tylko
preludium do następującej bezpośrednio po niej rewolucji
proletariackiej
**In short, the Communists everywhere support every
revolutionary movement against the existing social and
political order of things**
Krótko mówiąc, komuniści wszędzie popierają każdy ruch
rewolucyjny przeciwko istniejącemu społecznemu i

politycznemu porządkowi rzeczy

In all these movements they bring to the front, as the leading question in each, the property question

We wszystkich tych ruchach wysuwają na pierwszy plan, jako pytanie wiodące w każdym z nich, kwestię własności

no matter what its degree of development is in that country at the time

bez względu na to, jaki jest stopień jego rozwoju w danym kraju w danym momencie

Finally, they labour everywhere for the union and agreement of the democratic parties of all countries

Wreszcie, wszędzie pracują na rzecz unii i porozumienia partii demokratycznych wszystkich krajów

The Communists disdain to conceal their views and aims

Komuniści gardzą ukrywaniem swoich poglądów i celów

They openly declare that their ends can be attained only by the forcible overthrow of all existing social conditions

Otwarcie oświadczają, że ich cele mogą być osiągnięte jedynie przez obalenie przemocą wszystkich istniejących stosunków społecznych

Let the ruling classes tremble at a Communistic revolution

Niech klasy panujące drżą przed rewolucją komunistyczną

The proletarians have nothing to lose but their chains

Proletariusze nie mają nic do stracenia poza swoimi łańcuchami

They have a world to win

Mają świat do wygrania

WORKING MEN OF ALL COUNTRIES, UNITE!

ROBOTNICY WSZYSTKICH KRAJÓW, ŁĄCZCIE SIĘ!

www.ingramcontent.com/pod-product-compliance
Lightning Source LLC
Chambersburg PA
CBHW011740020426
42333CB00024B/2974

* 9 7 8 1 8 3 5 6 6 1 7 8 9 *